맛있는 요리를 만드는 레시피가 있는 것처럼 웃음, 힐링, 성장을 만드는 레시피도 있을까요?
레시피팩토리는 모호함으로 가득한 이 세상에서 당신의 작은 행복을 위한 간결한 레시피가 되겠습니다.

매일 만들어 먹고 싶은
# 리화쌤의 샐러드&드레싱

# 쉽고 간단하지만 건강하고 맛있는 샐러드,
# 리화쌤의 샐러드 드레싱 & 토핑으로 만나보세요!

**매번 다른 반찬과 소스를 만드시던 친정 엄마,
그게 제 샐러드 드레싱과 토핑의 시작이에요**

"사라다는 소스 맛이야."
어린 시절, 친정 엄마는 사라다를 만들어주시며 늘 이리 말씀하셨지요. 넉넉지 않았던 집안 형편이었지만 늘 흔한 재료로 특별한 맛을 내서 밥상을 채워주려고 애쓰셨던 것 같아요. 평일 아침 TV에서 방영되던 '오늘의 요리' 프로그램을 챙겨 보시며 레시피를 적어두셨다가 따라 해보시기도 하고, 뻔한 오이무침이 지겨워질 때면 절인 오이에 짭조름한 양념을 넣기도 하고. 그럼 오이로 만든 게 아니라고 느껴질 만큼 특별한 별미가 되었지요.

그래서 항상 저희 집 식탁에는 수만 가지의 조합, 여러 가지 반찬이 올라왔던 기억이 나요. 그걸 가장 즐거워했던 게 삼 남매 중 저였지요. 반찬이 열 개가 나오면 다 맛봐야 직성이 풀렸고, 각종 반찬들로 다양한 조합을 만들어 먹곤 했지요. 그 모습을 보시던 친정 엄마도 함께 즐거워하시며 "요렇게도 먹어봐~"라고 다른 조합으로 숟가락에 올려주곤 하셨어요. 엄마는 반찬뿐만 아니라 소스에도 진심이셨지요. 채소를 편식하던 아이들을 위해 색다른 소스를 매번 다르게 더해주셨지요. 어릴 적엔 몰랐어요. 엄마의 반찬을 조합해 먹고, 소스를 맛있게 맛보던 그 모든 순간들이 제 인생의 밑그림이 될 줄은. 곰곰이 생각해보면 그때 맛본 소스와 반찬이 지금의 샐러드 드레싱 & 토핑인 것이지요.

**요리가 좋아서 시작하게 된 클래스로
요리를 대하는 제 진심을 느끼게 되었어요**

엄마처럼 요리가 좋아서, 사람들에게 요리를 해 먹이는 걸 좋아하다 보니 저 또한 전공과는 전혀 무관한 요리를 업으로 살게 되었네요.
시작은 수제 도시락과 파티 케이터링이었고, 자연스레 클래스도 열게 되었어요. 처음 시작할 때 4인용 식탁을 준비했지만 6명이나 신청을 하면서 부랴부랴 식탁과 의자를 사러 다닌 기억이 지금도 생생해요.

당시만 해도 '연륜 있는 요리 선생님'이 많던 시기라 젊은 제가 요리를 가르친다는 것에 불편해하는 분들도 계셨어요. 하지만 친정 엄마에게 배운 한식부터 다양하게 공부하며 익힌 일식, 이탈리아 요리, 각종 파티 요리까지... 저의 수업을 한두 번 듣게 되신 분들은 저에 대한 믿음을 갖게 되셨지요. 수술로 거동이 불편하신데도 남편이 운전하는 차 뒷자리에 누워 진남 니주에서 울산까지 오셨던 분, 7~8시간 서서 듣는 수업이 힘드셨을 텐데 소녀처럼 설레하던 분, 저를 믿고 창업반 수업을 듣고 매장까지 오픈한 분까지. 그런 분들을 통해 요리는 단순히 배고픔을 채우는 게 아닌, 누군가의 삶을 다시 채우는 일이라는 걸 알게 되었답니다. 어려운 형편에도 늘 가족을 위해 정성껏 밥상을 차리던 친정 엄마의 마음을 저 또한 느끼게 된 것이지요.

**건강을 위해 시작한 샐러드를 더 맛있게 먹게 된 건
다채로운 드레싱과 토핑 덕분이에요**

고백하자면, 저는 원래 채소를 좋아하지 않았어요. 그런 제가 샐러드를 사랑하게 된 것은 건강에 신경을 쓰면서부터입니다. 많은 분들에게 요리를 가르치는 건 분명 즐거운 일이었지만, 피곤하고 힘든 시간이지요. 수업 전후로는 긴장감에 식사를 거르게 되고, 끼니는 대충 때우고, 몸은 붓고, 체중은 증가하는데 체력은 떨어지고. 정작 제 몸은 챙기지 못했죠. 이렇게 하는 게 맞나... 고민과 번뇌를 이어가던 날들이 이어졌어요. 그러다 끼니를 거를 순 없으니 수업 후 남은 재료에 채소를 더해서 먹기 시작했어요. 물론 몇 번 먹다 보니 금방 질리고 맛도 없었어요. 그 순간 친정 엄마가 자주 하시던 이야기가 떠올랐어요.

"사라다는 소스 맛이야."
맞아요. 다양한 재료와 채소를 맛있게 먹기 위해서는 무언가 킥이 필요했던 거예요. 그게 바로 드레싱이었죠. 그리고 어릴 적 반찬을 조합해 먹던 그 습관이 샐러드 토핑으로 이어졌지요. 생각지 못한 조합에서 새로운 맛이 탄생하고, 뻔한 조합에서 특별한 맛을 낼 수 있다는 것을 샐러드를 만들고 드레싱과 토핑을 요리조리 더해 먹으면서 알게 되었어요.

오랫동안 샐러드는 전채 요리(애피타이저)나 곁들임, 혹은 다이어트식으로 많이 회자되었어요. 한 번도 식탁에서 주인공이 아니었던 샐러드가 언젠가부터 우리의 한 끼가 되고 있는 걸 느낀 건 온라인 클래스 플랫폼인 '클래스101'에서 샐러드 클래스를 런칭하고부터였어요. 수강생의 연령대도 20대부터 60대까지, 얼마나 다양한지! 단순히 레시피가 아닌 재료를 고르고, 보관하는 기본적인 방법부터 샐러드 맛집만큼 맛있는 드레싱 노하우까지 알 수 있어서 좋다는 리뷰가 넘쳐났습니다.

특히 많은 사랑은 받은 것은 바로 리화쌤만의 드레싱과 토핑이었어요. 샐러드는 재료가 풍성해야 맛있지만 매번 재료를 다양하게 준비하는 건 너무 번거롭잖아요. 그때 해결책이 바로 '냉동 토핑'. 식감, 맛, 비주얼까지 모두 책임질 토핑이 될 채소, 고기, 파스타 등을 미리 만들어 준비해두는 것이지요. 해동해서 넣기만 하면 되게 말이에요. 거기에 샐러드 맛의 포인트가 되어줄 드레싱까지. 이 모든 것을 이번 책에 담았답니다. 특히 81개의 샐러드 레시피마다 맛 궁합 좋은 드레싱 옵션을 최대 3개까지 담았으니 취향에 따라, 구비하고 있는 재료에 따라 편하게 선택해보세요.

지금도 친정 엄마는 제가 만들어 드리는 샐러드를 가장 좋아하세요. 드레싱과 토핑의 다양한 조합을 보시면서 "이걸 이렇게 해도 맛있네. 우리 딸이 엄마보다 더 잘 만드네."라며 칭찬을 아끼지 않으시지요. "딸 이제 작가가 되는 거야?"하던 아빠는 올 초 하늘나라로 떠나셨어요. 큰 딸표 요리를 대접할 수 없지만, 대신 저의 평생 요리 선생님인 엄마, 하늘에서 보고 계실 아빠를 생각하며 더 열심히 요리하려고 합니다.
엄마가 저에게 맛의 기억을 물려주신 것처럼, 저도 여러분들과 함께 경험하게 될 맛의 기록을 이어가고 싶어요. 책 작업 동안 따스한 공간과 마음을 내어주신 두 분의 어른, 그리고 나의 소중한 가족들에게 진심으로 감사를 전합니다.
샐러드로 나를 채우는 시간, 지금부터 시작해 볼까요?

2025년 11월, 리화쌤 이서현

## PROLOGUE

004  쉽고 간단하지만 건강하고 맛있는 샐러드,
리화쌤의 샐러드 드레싱 & 토핑으로 만나보세요!

## BASIC GUIDE
### 샐러드 & 드레싱 기본 가이드

012  리화쌤의 노하우! 맛있는 샐러드를 위한 10가지 핵심 포인트
016  미리 준비해두면 샐러드 준비 5분컷! 냉동 토핑 14가지
    버섯 / 감자 / 고구마 / 단호박 / 브로콜리 / 콜리플라워 / 그린빈 /
    가지 / 슈퍼곡물 / 파스타 / 견과류 / 닭가슴살 / 소보로 / 불닭
030  10가지 기본 재료로 만드는 다채로운 드레싱 54가지
    올리브유 드레싱 / 들기름 드레싱 / 견과류 드레싱 / 간장 드레싱 /
    칠리 드레싱 / 과일 드레싱 / 치즈 드레싱 / 요거트 드레싱 /
    마요네즈 드레싱 / 발사믹 드레싱
045  실패 없는 샐러드를 위한 계량 가이드
046  갖춰두면 유용한 도구 & 그릇

## CHAPTER 01
### 리화쌤의 시그니처 샐러드

050  당근라페
052  방울토마토 마리네이드
054  엄마맛 과일 샐러드
056  과카몰리와 파인애플 살사 + 피타브레드
058  판자넬라 샐러드
060  콥 샐러드
062  슈퍼곡물 샐러드
064  스파이시 연어 포케 샐러드
066  구운 채소와 연어 스테이크 샐러드
068  넛츠 단호박 범벅 샐러드

## CHAPTER 02
**든든한 한 끼가 되는 식사 샐러드
(Cold & Warm)**

072 콜드 샐러드, 왜 좋을까요?
　　  웜 샐러드, 왜 좋을까요?

### Cold
074 옛날식 감자 샐러드
076 그리스식 콩 샐러드
078 떠먹는 베지볼 샐러드
080 후무스 플레이트 샐러드
082 치킨 시저 샐러드
084 유부주머니 샐러드
086 유부 메밀면 샐러드
088 콩나물 곤약면 샐러드
090 초간단 토마토 파스타 샐러드
092 썸머 타이 누들 샐러드
094 차돌박이 오이롤 샐러드

### Warm
098 버섯 렌틸콩 샐러드
100 세모 네모 둥근 샐러드
102 비건 포케 샐러드
104 퀴노아 치킨 샐러드
106 구운 양배추 불고기 샐러드
108 불고기 포케 샐러드
110 불닭 포케 샐러드
111 칠리 쉬림프 포케 샐러드
116 쉬림프 타코 샐러드
118 문어 감자 샐러드
120 훈제연어 감자 원팬 샐러드
122 훈제오리 시금치 원팬 샐러드
124 토마토 바질 페스토 원팬 샐러드
126 통들깨 파스타 샐러드
128 알리오 올리오 파스타 샐러드

## CHAPTER 03
**한식 밥상에 잘 어울리는 반찬 샐러드**

132 사과 당근 요거트 샐러드
134 사각사각 울산배 샐러드
136 오이 탕탕이 통깨 샐러드
138 브로콜리 견과 샐러드
140 아삭 무 샐러드
142 양배추 김 샐러드
144 아삭이고추 들깨 마요 샐러드
146 무말랭이 치커리 샐러드
148 마늘종 피클 샐러드
150 묵은지 참치무침 샐러드
152 아보카도 비빔 샐러드
154 가지구이 쯔유 샐러드
156 쇠고기소보로 오이볶음 샐러드
158 우엉 당근볶음 통깨 샐러드
160 연근 파프리카 견과류 샐러드
162 버섯 김 들깨 샐러드
164 구운 두부 참나물 샐러드
165 닭안심 부추 샐러드
170 오징어 구운 두부 부추 샐러드
172 날치알 콩나물 냉채 샐러드
174 건새우 볶음 렌틸콩 샐러드
176 톳 두부소보로 샐러드

## CHAPTER 04
**술과 함께 가볍게 즐기는 안주 샐러드**

- 180 방울방울 샐러드
- 182 토마토 완두콩 샐러드
- 184 과일 살사와 부라타 치즈 샐러드
- 186 하우스 샐러드
- 188 울산배 치즈 샐러드
- 190 라디치오 살구 샐러드
- 192 무화과 샤인 샐러드
- 194 무화과 브리 치즈 샐러드
- 196 복숭아 부라타 샐러드
- 198 브리 치즈 넛츠 샐러드
- 200 아보카도 코울슬로
- 202 발사믹 버섯 샐러드
- 204 아스파라거스 반숙란 샐러드
- 205 오렌지 치킨 샐러드
- 210 로스트 베지 스틱 샐러드
- 212 참외 쏨땀 샐러드
- 214 스파이시 콜리 샐러드
- 216 멕시칸 나초 샐러드
- 220 연어 리스 샐러드
- 221 연어 셰비체 샐러드
- 226 명란 감자 브로콜리 샐러드
- 228 버섯 감바스 샐러드
- 229 포테이토 보트 샐러드

## INDEX
- 234 구매 단위가 큰 재료별

# BASIC GUIDE
## 샐러드 & 드레싱 기본 가이드

샐러드를 좀 더 간편하고 맛있게 만들기 위해
미리 알아두면 좋은 리화쌤의 기본 지침을 소개합니다.
냉동 준비해두었다가 데워서 넣기만 하면 되는 샐러드 토핑,
10가지 기본 재료로 만든 다양한 조합의 드레싱 54개,
구비해두면 편리한 도구까지 모두 만나보세요.

## 리화쌤의 노하우!
# 맛있는 샐러드를 위한 10가지 핵심 포인트

## 1

**정확한 계량은 필수
넣는 순서도 기억하기**

샐러드 맛의 핵심인 드레싱은 계량하면서 만드는 습관을 갖도록 하세요.
처음에는 번거롭지만 1큰술, 1작은술 등을 계속 계량하다 보면 자연스럽게 그 양을 가늠할 수 있게 돼요. 또한 가능하면 액체류(간장, 레몬즙 등) → 양념류(꿀, 다진 마늘 등) → 가루류(소금, 설탕, 고춧가루 등) → 점도가 높은 장류(고추장) → 오일 순으로 재료를 계량해서 넣으면 더 부드럽게 잘 섞을 수 있어요.

## 2

**못난이 농산물도 추천
제철 재료 적극 활용하기**

구하기 쉬운 채소나 과일은 물론 영양이 가득한 제철 재료도 샐러드에 적극 활용하세요.
마트나 시장에서 구매해도 되지만, 못난이 농산물을 정기배송 받으면 편하고 저렴하게 제철 재료를 챙길 수 있어요. 못난이 농산물이란 흠집이나 규격에 맞지 않아 외관상 상품성은 떨어지지만 맛과 품질에는 전혀 문제없는 것들이에요. 일반 상품보다 20~30% 저렴하게 살 수 있고, 환경보호나 농가 소득 증대에도 도움을 줄 수 있지요.
가까운 로컬푸드 직매장(하나로마트, 로컬푸드 매장)이나 온라인(어글리어스, 파머스픽, 못난이마켓, 어스박스 등)을 자주 이용합니다.

## 3

**샐러드 준비가 간편해지는
냉동 토핑 활용하기**

샐러드를 다양하게 변화시켜주는 것은 드레싱, 그리고 부재료 격인 토핑이에요.
샐러드를 만들 때마다
토핑 재료를 씻고, 썰고 하는
번거로움을 줄이기 위해
토핑을 넉넉히 준비해 활용하세요.
미리 익혀두는 채소나 고기, 고소한 맛을 더 살리기 위해 볶아두는 견과류, 그리고 슈퍼곡물 등. 샐러드를 간편하게, 빠르게 만들 수 있도록 해주지요. 토핑 3~4가지만 넉넉하게 만들어 냉동해두면 언제든지 편하게 샐러드를 만들 수 있답니다.

• 냉동 토핑 이야기 16쪽

기본 가이드

## 4
### 식감과 어우러짐을 위해 채소 물기 제거하기

샐러드뿐만 아니라 생으로 먹는 채소는 첫 번째도 물기 제거, 두 번째도 물기 제거를 잘하는 것이 중요해요. 그래야 채소를 싱싱하게 오래 보관할 수 있고 샐러드를 만들었을 때 드레싱이 채소와 잘 어우러지며 아삭한 식감을 유지할 수 있지요.
채소탈수기를 활용하는 것이 가장 좋고, 없다면 키친타월에 채소를 올려두거나 밀폐용기에 키친타월 → 채소 → 키친타월 순으로 넣어주세요.
단, 채소탈수기에 채소를 너무 많이 넣게 되면 물기 제거가 고루 안되므로 70% 정도까지만 채우도록 하세요.

## 5
### 홈메이드 드레싱은 3~4회 분량만 만들어두기

가정에서 만든 드레싱에는 첨가물이 들어가지 않아서 보관 기간이 길지 않아요. 대부분 냉장 보관 1주일 정도 가능하니 너무 많이 만들기보다는 한 번에 먹는 양을 고려해 3~4회 먹을 분량의 드레싱만 만드는 습관을 들이세요. 이때 2~3종류의 드레싱을 만들어두고 번갈아가며 먹으면 다양한 맛을 느낄 수 있습니다.
치즈나 땅콩버터, 유제품이 들어가는 드레싱은 특히 보관 기간이 짧으니 소량만 만드세요.

• 드레싱 이야기 30쪽

## 6
### 신선하고 좋은 오일 3~6개월 내 소진하기

샐러드를 만들 때 가장 많이 사용하는 재료 중 하나가 오일이에요. 저는 '엑스트라 버진 올리브유'를 추천해요.
각종 요리에 편하게 사용한다면 500㎖ 기준 2~3만 원대를, 생식으로도 즐기고 싶다면 5~7만 원대 제품을 구비해두면 좋지요. 처음부터 너무 큰 용량보다는 나의 식생활에 맞춰 구매하되, 개봉 후 3개월 내로 사용 기한을 정해 신선하게 먹는 것이 좋습니다.
1~2인 가구나 샐러드 전용 오일이라면 250㎖ 용량을, 샐러드뿐만 아니라 다른 요리에도 두루 활용하고 싶다면 500㎖를 추천해요.

• 올리브유 이야기 33쪽

13

기본 가이드

## 7 투명 용기에 식재료 소분하기

식재료를 소분할 때는 속이 보이는 투명 용기를 추천해요. 요리 효율성, 식재료의 신선도, 식비 절약, 위생 관리까지 챙길 수 있는 가장 좋은 방법이지요. 내용물이 바로 보여서 재료 찾는 시간을 줄일 수 있고, 재료 체크가 가능해 낭비가 없답니다. 게다가 수분 증발과 외부 오염을 막아줘 식재료의 신선도도 오래 유지할 수 있지요. 채소나 과일 등의 재료는 물에 닿으면 빨리 상하므로 가능한 씻지 않고 바로 통에 담고 쓸 만큼 꺼내는 것이 좋아요. 세척한 재료들은 따로 담아 보관하는 습관을 들이세요.

## 8 안전한 조리도구로 요리하기

샐러드를 만들 때 필요한 조리도구는 가능한 안전한 소재를 선택하세요. 냄비, 팬은 스테인리스, 주물을 추천해요. 혹 코팅팬을 써야 한다면 코팅의 벗겨짐이 없도록 나무나 실리콘 제품의 조리도구를 사용하고, 코팅팬을 1~2개월 주기로 교체해주세요. 도마 역시 환경호르몬 걱정이 덜한 것으로 사용해보세요. 원목, 스테인리스, 실리콘 소재를 추천해요. 참, 오븐을 사용하는 요리는 모두 에어프라이어로 대체됩니다.

• 도구 이야기 46쪽

## 9 다양한 플레이팅으로 즐거움 더하기

샐러드는 어떤 그릇에 담느냐에 따라 분위기가 달라지는 음식이에요. 플레이팅 할 때 저만의 팁을 전하자면, 깊이가 있는 한식용 그릇에 떠먹는 샐러드나 누들 샐러드, 포케샐러드를 담으면 먹기도 편하고, 새로움도 느낄 수 있지요. 우드 소재의 볼이나 그릇은 빵과 함께 사용하거나 과일 샐러드, 신선한 채소를 담을 시 다소 투박하지만 훨씬 신선해 보여요. 블랙이나 유리 소재에 과일이나 치즈 샐러드를 담으면 고급스럽답니다. 미니 팬이나 낮은 냄비에 따뜻한 웜 샐러드를 요리해 그대로 식탁에 올리는 것도 좋아요.

• 그릇 이야기 46쪽

## 10 샐러드 응용법으로 다채롭게 즐기기

아무리 샐러드를 좋아해도 매번 같은 방식으로 먹다 보면 지겨워질 때가 있어요. 그럴 땐 다채롭게 활용해보세요. 빵 사이에 넣어 샌드위치로, 또는 빵에 올려 오픈토스트로 먹으면 든든한 한 끼가 되지요. 또한 다양한 면을 더하면 색다른 국수 요리처럼 즐길 수 있어요. 메뉴에 따라 밥반찬으로 어울리는 샐러드도 많답니다. 큰 그릇에 빵, 치즈 등과 함께 담아 안주로, 홈파티푸드로 내도 근사하죠. 같은 샐러드라도 어떻게 활용하느냐에 따라 그 맛과 멋이 달라진답니다.

### 미리 준비해두면 샐러드 준비 5분컷!
# 냉동 토핑 14가지

샐러드의 재료 준비를 더 간편하고 쉽게 해결해줄 방법 중 하나가 바로 토핑이에요.
토핑이란 샐러드의 채소나 주재료, 드레싱을 제외한 다른 맛을 내는 부재료들이지요. 다양한 토핑을
미리 만들어 냉동해두고 꺼내 데워 바로 더해보세요. 샐러드를 다채롭게, 쉽게 만들 수 있답니다.

• 냉동 토핑의 해동은 냉장실에서 해동하는 '냉장 해동'이 기본입니다. 실온 해동 시 녹이는 과정에서 세균이 발생할 수 있답니다.
  전날 냉장고로 옮겨 해동하되, 시간이 촉박하면 전자레인지 등에서 짧게 해동하는 것이 좋아요.

### 채소
- 버섯 17쪽
- 감자 18쪽
- 고구마 19쪽
- 단호박 20쪽
- 브로콜리 21쪽
- 콜리플라워 21쪽
- 그린빈 21쪽
- 가지 22쪽

### 곡물 & 견과류
- 슈퍼곡물 23쪽
  - 병아리콩
  - 강낭콩
  - 렌틸콩
  - 귀리
  - 보리
  - 퀴노아
- 파스타 24쪽
- 견과류 25쪽

### 고기
- 닭가슴살 26쪽
- 소보로 27쪽
  - 닭
  - 쇠고기
  - 돼지고기
- 불닭 28쪽

# 버섯

쫄깃한 식감과 가벼운 열량 덕분에 샐러드에 많이 활용하는 버섯. 굽거나 볶아서 냉동했다가 해동해도 모양이나 맛의 변화가 없는 종류가 좋아요. 애느타리버섯, 미니 새송이버섯, 새송이버섯, 표고버섯 등을 추천합니다.

- 모둠 버섯 400g (애느타리버섯, 미니 새송이버섯, 표고버섯 등)
- 올리브유 2큰술
- 소금 1/2작은술
- 통후추 간 것 약간

### 🟠 오븐 사용하기
손질한 버섯에 소금, 통후추 간 것, 올리브유를 넣고 버무려 오븐 팬에 펼쳐 담는다. 180℃로 예열한 오븐 (또는 에어프라이어)에서 10분간 익힌다.

1. 버섯은 채 썰거나 가닥가닥 떼어낸다.
   - 버섯은 씻지 않고 키친타월로 불순물을 털어낸 후 밑동을 살짝 잘라내고 사용한다.
2. 센 불로 달군 팬에 올리브유를 두르고 버섯을 넣어 4~5분간 숨이 죽을 때까지 볶는다.
3. 소금, 통후추 간 것을 넣고 수분이 거의 빠져나가 윤기가 돌고, 노릇한 색이 될 때까지 중간 불에서 3~4분간 볶는다.
   - 샐러드에 바로 활용해도 좋다.

### 냉동하기
충분히 식힌 후 1회 분량씩(약 50g) 소분해 밀폐용기나 지퍼백에 넣어 냉동한다.
- 냉동 3주

### 해동하기
냉장실에 두어 해동한 후 달군 팬에 올리브유와 함께 넣고 중강 불에서 윤기가 돌 때까지 볶는다.

# 감자

단단한 채소 중 하나인 감자는 익히는데 시간이 오래 걸리다 보니 샐러드에 넣기까지 큰 결심을 해야 되더라고요. 미리 구워서 냉동 토핑으로 만들어두면 간편하게 샐러드에 든든함을 더할 수 있답니다.

채소

- 감자 1과 1/2개(300g)
- 올리브유 3큰술
- 통후추 간 것 약간
- 허브가루 약간
  (오레가노, 파슬리 등)

1  감자는 껍질을 벗긴 후 웨지 모양으로 썬다.
   • 웨지 모양으로 썰면 좀 더 빠르게 익힐 수 있으며 모양도 예쁘다.
     원하는 다른 모양으로 썰어도 좋다.
2  끓는 물 + 소금(1작은술)에 감자를 넣고 2~3분간 데친 후 물기를 뺀다.
3  볼에 감자, 올리브유, 통후추 간 것, 허브가루를 섞어 오븐 팬에 펼쳐 담는다.
4  170℃로 예열한 오븐(또는 에어프라이어)에서 4~5분간
   중심 부분이 살짝 단단할 때까지 80% 정도만 익힌다.
   • 살짝 단단함이 남게 익혀야 냉동 후 해동했을 때 무르지 않는다.
   • 샐러드에 바로 활용할 경우라면 80%까지 익힌 것을 덜어낸 후 냉동하고,
     바로 먹을 것을 더 구워 완전히 익힌다.

**냉동하기**
충분히 식힌 후 1회 분량씩
(약 80~100g) 소분해 밀폐용기나
지퍼백에 넣어 냉동한다.
• 냉동 2~3주

**해동하기 : 팬**
냉장실에 두어 해동한 후 달군 팬에
올리브유와 함께 넣고 중약 불에서
노릇해질 때까지 굽는다.

**해동하기 : 오븐(에어프라이어)**
해동 없이 170℃로 예열한 오븐
(또는 에어프라이어)에서
6~7분간 익힌다.

기본 가이드

# 고구마

비타민A, C, E와 식이섬유, 칼륨이 풍부하며 단맛을 내는 재료인 고구마. 특별한 손질 없이 통째로 익힌 후 큐브 형태로 썰거나, 먼저 썬 후 쪄도 됩니다. 감자 토핑도 동일한 방법으로 준비해도 좋아요.

채소

- 고구마 3개(300g)

1 고구마는 껍질째 한입 크기로 썬다.
   - 통째로 익힌 후 한입 크기로 썰어도 좋다.
2 실리콘 찜기(또는 내열용기)에 고구마, 물(2큰술)을 담고 뚜껑을 덮는다.
3 전자레인지에서 5~6분간 젓가락으로 찔렀을 때 중심 부분이 살짝 단단할 때까지 80% 정도만 익힌다.
   - 살짝 단단함이 남게 익혀야 냉동 후 해동했을 때 무르지 않는다.
   - 샐러드에 바로 활용할 경우라면 80%까지 익힌 것을 덜어낸 후 냉동하고, 바로 먹을 것을 더 구워 완전히 익힌다.

**냉동하기**
충분히 식힌 후 1회 분량씩 (약 80~100g) 소분해 밀폐용기나 지퍼백에 넣어 냉동한다.
- 냉동 2~3주

**해동하기 : 팬**
냉장실에 두어 해동한 후 달군 팬에 올리브유와 함께 넣고 중약 불에서 노릇해질 때까지 굽는다.

**해동하기 : 오븐(에어프라이어)**
해동 없이 180℃로 예열한 오븐(또는 에어프라이어)에서 6~7분간 익힌다.

# 단호박

섬유질은 물론 베타카로틴도 풍부한 단호박. 쌉싸래한 채소와 함께 먹으면 드레싱 없이도 맛이 조화롭지요.
80% 정도만 익혀서 냉동해야 해동했을 때 물러지지 않아요.

채소

- 단호박 1개(700~800g)

1 단호박은 껍질 그대로 씻어 전자레인지에 넣고 3분간 돌려 살짝 익힌다.
   - 전자레인지로 살짝 익혀야 썰기가 쉽다.
2 2등분한 후 가운데 씨를 없앤다.
3 껍질 그대로 3cm 두께의 초승달 모양으로 썬다.
4 단호박을 중심 부분이 살짝 단단할 때까지 80% 정도만 익힌다.
   **굽기** 160℃로 예열한 오븐(또는 에어프라이어)에서 6~7분간 익힌다.
   **찌기** 김이 오른 찜기에 넣고 4~5분간 익힌다.
   이때, 익힌 후 뚜껑을 바로 열어 잔열에 더 익지 않도록 한다.
   - 살짝 단단함이 남게 익혀야 냉동 후 해동했을 때 무르지 않는다.
   - 샐러드에 바로 활용할 경우라면 80%까지 익힌 것을 덜어낸 후 냉동하고, 바로 먹을 것을 더 굽거나 쪄서 완전히 익힌다.

### 단호박 무스 만들기
껍질 벗겨 익힌 단호박을 곱게 으깬 후 한번 먹을 분량씩 냉동 보관해도 좋다. 해동한 후 넛츠 단호박 범벅 샐러드(68쪽)에 활용한다.

**냉동하기**
충분히 식힌 후 1회 분량씩 (약 150g) 소분해 밀폐용기나 지퍼백에 넣어 냉동한다.
- 냉동 3~4주

**해동하기 : 팬**
냉장실에 두어 해동한 후 달군 팬에 올리브유와 함께 넣고 중약 불에서 노릇해질 때까지 굽는다.

**해동하기 : 오븐(에어프라이어)**
냉장실에 두어 해동한 후 170℃로 예열한 오븐(또는 에어프라이어)에서 4~5분간 익힌다.

# 브로콜리 & 콜리플라워 & 그린빈

브로콜리나 콜리플라워, 그린빈은 샐러드에 넣으면 멋스러움이 더해지는 식재료입니다. 냉동 토핑을 만들면 매번 데쳐야 하는 번거로움을 없앨 수 있지요. 샐러드뿐만 아니라 볶음, 파스타, 수프 등에 다양하게 활용해보세요.

- 브로콜리 1송이(300~400g)
- 콜리플라워 1송이(300~400g)
- 그린빈 약 50개(400g)

1. 브로콜리, 콜리플라워는 한 송이씩 떼어낸 후 물 + 소금(약간)에 5~10분간 담가둔다.
   - 소금물에 담가두면 브로콜리, 콜리플라워 송이 사이에 있는 불순물을 없앨 수 있다. 이때, 물 5컵(1ℓ)당 소금 1큰술이 적당하다.
2. 그린빈은 지저분한 양끝을 잘라낸다.
3. 끓는 물에 각각 넣고 브로콜리는 30초, 콜리플라워는 40~50초, 그린빈은 1분간 데친다. 찬물에 헹궈 물기를 없앤다.
   - 샐러드에 바로 활용해도 좋다.
   - 끓는 물에 많은 양의 채소를 한 번에 넣으면 물의 온도가 떨어지면서 데치는 시간이 길어져 채소 특유의 아삭한 식감이 사라질 수 있으므로 나눠서 데치는 것이 좋다.

**냉동하기**
충분히 식힌 후 종류별로 1회 분량씩(약 50g) 소분해 밀폐용기나 지퍼백에 넣어 냉동한다.
- 냉동 2~3주

**해동하기 : 팬**
냉장실에 두어 해동한 후 달군 팬에 올리브유와 함께 넣고 중약 불에서 노릇해질 때까지 굽는다.

# 가지

가지는 제철인 여름에 넉넉하게 사서 익혀 냉동해두면 언제든지 샐러드, 샌드위치 등에 활용 가능해요.
쉽게 물러지는 재료이므로 도톰하게 썰어 익히세요.

채소

- 가지 3개(450g)
- 소금 1작은술
- 올리브유 3큰술

1  가지는 1.5cm 두께로 도톰하게 어슷 썬다.
2  소금을 뿌린 후 가지의 단면에 물방울이 맺힐 때까지 5분 정도 그대로 둔다.
3  키친타월로 표면을 살살 눌러 물기를 없앤다.
4  볼에 가지, 올리브유를 넣고 살살 버무린 후 오븐 팬에 펼쳐 담는다.
5  180°C로 예열한 오븐(또는 에어프라이어)에서 13~15분간 굽는다.
   - 샐러드에 바로 활용해도 좋다.
   - 160°C로 예열한 오븐(또는 에어프라이어)에서 35~40분간 구운 후
     150°C로 낮춰 5~7분간 더 구워 말린 가지로 만들어도 좋다.
     마늘과 함께 올리브유에 담가뒀다가 샐러드에 활용한다.

**냉동하기**
식힌 후 트레이에 겹치지 않게 펼쳐 담아 랩으로 덮고 냉동한다. 냉동 후 지퍼백에 옮겨 담아 냉동한다.
- 냉동 후 옮겨 담아야 가지의 형태가 유지되며 하나씩 떼어내기 쉽다. 냉동 2~3주

**해동하기 : 팬**
달군 팬에 냉동 상태의 가지를 넣어 중강 불에서 굽는다.

**해동하기 : 오븐(에어프라이어)**
해동 없이 170°C로 예열한 오븐(또는 에어프라이어)에서 4~5분간 익힌다.

## 슈퍼곡물 (병아리콩, 강낭콩, 렌틸콩, 귀리, 보리, 퀴노아)

일반 곡물보다 식이섬유, 단백질, 비타민, 미네랄 등 다양한 영양소가 더 풍부하게 들어 있는 곡물이에요. 샐러드에 부족한 단백질을 보충하고, 혈당도 천천히 올라가게 해요. 포만감도 오래가며 에너지 지속력도 높여주죠. 슈퍼곡물마다 식감, 맛, 모양이 달라 샐러드를 단조롭지 않게 만들어준답니다.

- 건강에 좋은 슈퍼곡물이지만 개인의 소화력, 알레르기, 신장 기능 등을 고려해 적절한 양을 섭취하세요.

병아리콩     강낭콩     렌틸콩     퀴노아

**불려서 사용하는 슈퍼곡물 :** 병아리콩, 강낭콩, 렌틸콩, 귀리, 보리

1. 병아리콩, 강낭콩, 귀리, 보리는 씻은 후 각각 3~4배 이상의 물에 담가 8시간 이상 불린다. 렌틸콩은 씻은 후 물에 담가 30분~1시간 정도 불린다. 단, 렌틸콩의 독성을 가진 렉틴 성분을 줄이고 싶다면 4시간 이상 불린다.
2. 냄비에 불린 슈퍼곡물, 물을 넉넉하게 넣고 센 불에서 끓어오르면 중간 불로 줄여 아래 시간만큼 삶는다.
   - 병아리콩 : 30분 / 강낭콩 : 40~50분 / 귀리 : 20~25분 / 보리 : 25~30분 / 렌틸콩 : 15분

**불리지 않는 슈퍼곡물 : 퀴노아**

1. 볼에 퀴노아, 넉넉한 양의 물을 넣고 비벼가며 씻는다.
2. 냄비에 퀴노아, 물을 넉넉하게 넣고 중간 불에서 끓어오르면 약한 불로 줄여서 15분간 삶는다. 뚜껑을 덮고 5분간 뜸을 들인 후 젓가락이나 포크로 살살 섞는다.
   - 샐러드에 바로 활용해도 좋다.

**냉동하기**
체에 밭쳐 물기를 빼면서 충분히 식힌다. 1회 분량씩(약 100g) 소분해 밀폐용기나 지퍼백에 넣어 냉동한다.
- 냉동 1개월

**해동하기**
해동 없이 끓는 물에 넣고 30~40초간 데친 후 체에 밭쳐 물기를 뺀다.

# 파스타

시각적 재미와 씹는 맛, 그리고 탄수화물까지 챙길 수 있어 영양 균형에도 도움을 주는 샐러드 토핑이에요. 삶아서 올리브유와 버무려두면 면끼리 달라붙는 것을 방지할 수 있답니다. 긴 면이나 짧은 숏 파스타(푸실리, 펜네 등) 등 무엇이든 좋아요.

곡물 & 견과류

- 파스타 200g
- 올리브유 넉넉하게

1 끓는 물(7~10컵) + 소금(2큰술)에 파스타를 넣고 포장지에 적힌 시간보다 1분 정도 덜 삶는다.
2 체로 건져낸 후 올리브유와 버무려 한 김 식힌다.
- 샐러드에 바로 활용해도 좋다.

**냉동하기**
충분히 식힌 후 1인분씩 (약 70~80g) 소분해 지퍼백에 넣어 냉동한다.
- 냉동 2~3주

**해동하기**
해동 없이 끓는 물에 넣고 2~3분간 데친다.

기본 가이드

# 견과류

샐러드에 재미를 더해주는 식재료예요. 오도독 씹는 식감, 뿌렸을 때 느껴지는 발랄함까지! 양질의 지방도 챙길 수 있지요. 대부분 그냥 먹곤 하지만 살충제나 곰팡이, 방부제 등으로 처리되어 수입되는 경우가 많기 때문에 꼭 끓는 물에 데치세요. 또한 하루 1줌(30g) 정도가 이상적인 분량이니 과하게 섭취하지 않도록 주의하세요. 대용량보다는 소량씩 구매하는 것을 추천해요.

곡물 & 견과류

- 견과류 300g
  (아몬드, 피칸, 호두 등)

1 견과류는 충분히 잠길 만큼의 끓는 물에 넣고 1분간 데친다.
2 체에 밭쳐 흐르는 물에 씻고 그대로 물기를 뺀다.
3 견과류를 살짝 익힌다.
   **굽기** 170℃로 예열한 오븐(또는 에어프라이어)에서 10~12분간 굽는다.
   **볶기** 달군 팬에 기름 없이 넣고 약한 불에서 10~15분간 중간중간 저어가며 고소한 향이 나기 시작할 때까지 볶는다.
- 샐러드에 바로 활용해도 좋다.

**냉동하기**
충분히 식힌 후 1줌씩(30g) 소분해 지퍼백에 넣어 냉동한다.
- 냉동 2주

**해동하기 : 팬**
해동 없이 달군 팬에 넣고 중간 불에서 살짝 볶는다.

# 닭가슴살

쿠킹클래스에 왔던 많은 수강생들이 샐러드에 시판 닭가슴살을 활용한다고 하더라고요. 거기에서 착안해서 만든 리화쌤만의 시그니처 샐러드 토핑이에요. 업장을 운영할 때는 한 번에 100개 이상 만들어 사용했던 인기 만점 토핑이랍니다.

고기

- 닭가슴살 3개(300g)
- 우유 넉넉하게(또는 맥주)
- 소금 약간
- 통후추 간 것 약간
- 마늘가루 1작은술(또는 다진 마늘 1/2작은술)
- 올리브유 1큰술

**닭안심으로 대체하기**
동량(300g)의 닭안심으로 대체해도 좋다. 오븐에서 굽는 과정을 생략하고, 달군 팬에 올리브유를 두른후 중간 불에서 1~2분, 약한 불로 졸여 3~5분간 굽는다.

1 볼에 닭가슴살, 잠길 만큼의 우유를 넣고 10분간 둔다.
 • 우유에 담가두면 잡내 제거에 효과적이며 좀 더 부드럽게 만들 수 있다.
2 닭가슴살만 건져낸 후 소금, 통후추 간 것, 마늘가루를 뿌려 1~2시간 정도 둔다.
3 흐르는 물에 살짝 헹군 후 키친타월로 물기를 없앤다.
4 달군 팬에 올리브유를 두른 후 닭가슴살을 올리고 센 불에서 1분간 앞뒤로 뒤집어가며 색을 낸다. • 팬에 먼저 구운 후 오븐에 구워야 퍽퍽하거나 질겨지지 않는다.
5 오븐 팬에 옮겨 담은 후 유산지로 윗면을 덮는다.
 • 유산지로 윗면을 덮으면 좀 더 촉촉한 식감으로 만들 수 있다.
6 170℃로 예열한 오븐(또는 에어프라이어)에서 14분간 굽는다.
 • 샐러드에 바로 활용해도 좋다.
 • 닭가슴살의 양이 많을 경우 굽는 시간을 늘린다(7~8개 기준 18분).

**냉동하기**
충분히 식힌 후 1개씩 랩으로 감싼다. 지퍼백에 넣은 후 냉동한다.
• 냉동 3~4주

**해동하기 : 냉장**
냉장실에 두어 해동한 후 그대로 사용한다.

**해동하기 : 전자레인지**
전자레인지에서 살짝 돌려 해동한 후 사용한다.

**해동하기 : 팬**
냉장실에 두어 해동한 후 달군 팬에 올리브유와 함께 올린다. 닭가슴살이 앞뒤로 통통해지면서 노릇해질 때까지 중약 불에서 뒤집어가며 굽는다.

기본 가이드

## 소보로 (닭, 쇠고기, 돼지고기)

소보로는 일본어인데요, 잘게 다진 닭고기나 쇠고기, 돼지고기, 닭고기, 달걀, 새우 등의 재료를 양념해 국물이 없어질 때까지 볶은 음식을 말해요. 넉넉히 만들어 냉동하면 샐러드에 단백질 재료를 보충하기에 아주 좋답니다.

고기

- 닭가슴살 2개 (또는 닭안심, 200g)
- 소금 약간
- 후춧가루 약간
- 마늘가루 1/2작은술
  (또는 다진 마늘 1/4작은술)

1 닭가슴살은 키친타월로 감싸 물기를 없앤 후 작게 썬다.
2 볼에 닭가슴살, 소금, 후춧가루, 마늘가루를 넣고 버무린다.
3 센 불로 달군 팬에 ②를 넣고 2~3분, 중간 불로 줄여서 3~4분간 볶는다.
- 샐러드에 바로 활용해도 좋다.
- 약한 불에서 익히면 육즙이 날아가서 질겨질 수 있으므로 불 세기에 주의한다.

❤ 닭가슴살을 쇠고기, 돼지고기로 대체하기
쇠고기, 돼지고기로 대체해도 좋다. 다진 쇠고기나 다진 돼지고기 200g 기준
원당 1큰술, 맛술 1큰술 (또는 청주), 양조간장 2큰술, 마늘가루 1/2작은술
(또는 다진 마늘 1/4작은술), 후춧가루 약간을 넣고 동일한 방법으로 익힌다.

**냉동하기**
충분히 식힌 후 1회 분량씩 (약 80g) 소분해 밀폐용기나 지퍼백에 넣어 냉동한다.
- 냉동 3~4주

**해동하기 : 전자레인지**
전자레인지에서 1분간 돌려 해동한 후 사용한다.

**해동하기 : 팬**
냉장실에 두어 해동한 후 달군 팬에 올리브유와 함께 올린다. 중간 불에서 촉촉해지는 느낌이 들 때까지 1~2분간 볶는다.

# 불닭

다이어트를 하는 분들이라면 맛이 밋밋한 샐러드를 먹는 경우가 많죠. 그런 분들을 위해 개발했어요. 닭가슴살에 매콤한 양념을 더해 토핑으로 만들어두세요. 치팅데이에 마구 삐뚤어지기보단 이 정도의 맛으로 적당히 건강도, 맛도 챙길 수 있지요. 밥반찬, 덮밥, 샌드위치 속 재료로도 다양하게 활용 가능해요.

고기

- 닭가슴살 4개
  (또는 닭다릿살, 닭안심, 400g)
- 소금 약간
- 통후추 간 것 약간
- 올리브유 3큰술

**불닭 소스**
- 고춧가루 2큰술
- 다진 마늘 1큰술
- 양조간장 3큰술
- 맛술 2큰술(또는 청주)
- 올리고당 2큰술
  (또는 꿀, 원당, 알룰로스)
- 고추장 3큰술
- 카이엔페퍼 1작은술
  (또는 고운 고춧가루)

1. 닭가슴살은 먹기 좋은 크기로 썬 후 소금, 통후추 간 것을 뿌린다.
2. 큰 볼에 불닭 소스 재료를 넣고 섞는다.
   - 기호에 따라 소스에 매실청이나 과일청 1큰술을 더해도 좋다.
3. ②의 볼에 닭가슴살을 넣고 버무려 1시간 정도 둔다.
4. 달군 팬에 올리브유를 두른 후 닭가슴살을 넣고 중간 불에서 4분, 약한 불로 줄여 3분간 굽는다.
   - 샐러드에 바로 활용해도 좋다.

**냉동하기**
충분히 식힌 후
1회 분량씩(약 100g)
소분해 밀폐용기나
지퍼백에 넣어 냉동한다.
- 냉동 3~4주

**해동하기 : 전자레인지**
전자레인지에서
살짝 돌려
해동한 후 사용한다.

**해동하기 : 팬**
냉장실에 두어 해동한 후
달군 팬에 올리브유와
함께 넣고 약한 불에서
2~3분간 볶는다.

**해동하기 : 오븐**
(에어프라이어)
냉장실에 두어 해동한 후
160℃로 예열한 오븐
(또는 에어프라이어)에서
6~7분간 익힌다.

## 10가지 기본 재료로 만드는
# 다채로운 드레싱 54가지

요즘은 산뜻하고 가볍게 즐기면서 동시에 샐러드 본연의 맛을 느낄 수 있는 드레싱에 관심이 많아요.
그래서 이런 포인트를 살리되 누구나 접근하기 쉬운 드레싱 레시피를 만들었습니다. 드레싱에
가장 많이 사용하는 기본 재료 10가지를 선정, 그 재료로 만드는 다양한 드레싱 54가지입니다.

• 대부분 드레싱의 보관 기간은 '냉장 1주일' 정도입니다. 다만, 종류에 따라 더 짧은 경우도 있으니 각 드레싱별로 확인하세요.

기본 가이드

## 10가지 기본 재료로 만드는 다채로운 드레싱

- 올리브유 드레싱 6가지 — 32쪽
- 들기름 드레싱 4가지 — 34쪽
- 견과류 드레싱 4가지 — 35쪽
- 간장 드레싱 8가지 — 36쪽
- 칠리 드레싱 5가지 — 38쪽
- 과일 드레싱 5가지 — 39쪽
- 치즈 드레싱 5가지 — 40쪽
- 요거트 드레싱 4가지 — 41쪽
- 마요네즈 드레싱 8가지 — 42쪽
- 발사믹 드레싱 5가지 — 44쪽

### SOS! 드레싱의 맛이 아쉬울 때는 이렇게!
- 신맛이 강하다면?
  → 오일을 조금씩 추가한 후 단맛을 더해 중화하기
- 맛이 어딘가 부족하다면? → 소금을 조금씩 추가해 간을 맞춘 후 약간의 단맛이나 감칠맛(마늘가루) 추가하기
- 풍미가 약하다면? → 허브가루, 견과류, 통깨 간 것을 조금씩 추가하기

## 구비해두면 좋은 리화쌤의 재료 이야기

추천 브랜드

- 고추장, 설탕, 마요네즈 등은 저당이나 비건 제품을 사용해도 좋아요.
- 원당 대신 꿀을 사용하고 싶다면 꿀의 당도가 더 높은 편이니 레시피의 70~80% 정도만 더하세요.

☐ 발사믹식초(레드, 화이트)
☐ 사과식초(또는 애플 사이다 비니거)
☐ 레몬즙(또는 100% 레몬주스)
☐ 올리브유(또는 아보카도유)
☐ 참기름(저온압착 제품)
☐ 들기름(저온압착 제품)
☐ 원당(또는 메이플시럽, 알룰로스)
☐ 꿀
☐ 소금(천일염, 구운 천일염, 토판염)
☐ 양조간장
☐ 고추장(또는 저당 고추장)
☐ 마요네즈(또는 비건 마요네즈)
☐ 땅콩버터(무가당, 100% 땅콩버터)
☐ 플레인 요거트(무가당)
☐ 토마토 소스
　　(포미 또는 디벨라 제품의 퓌레형 소스)
☐ 홀그레인 머스터드(씨겨자)
☐ 머스터드
☐ 다진 마늘
☐ 마늘가루(또는 다진 마늘)
☐ 파슬리가루(또는 다른 허브가루)
☐ 카이엔페퍼(또는 고운 고춧가루)
☐ 통후추(그라인더 형태의 통후추)
☐ 통깨

## 올리브유 드레싱 6가지

☑ 올리브유는 특유의 풍미가 강한 편이라서
다른 재료의 맛을 해치지 않도록 하는 것이 중요해요.
맛이 순한 채소(양상추, 로메인)나 시금치,
루콜라와 같은 부드러운 채소, 연어, 새우와 같은
해산물과의 조화가 뛰어나지요.

☑ 거품기, 핸드블렌더, 미니 믹서를 사용해야
올리브유가 분리되지 않고 잘 섞이며,
허브와 같은 재료의 향도 드레싱에 더 잘 퍼지게 돼요.

---

**1**
**이탈리안 드레싱**
(완성량 9~10큰술)
=
레몬즙 2큰술
+
다진 마늘 1작은술
+
홀그레인 머스터드 1작은술
+
원당 1큰술
+
소금 1/4작은술
+
통후추 간 것 약간
+
오레가노 1작은술
(또는 파슬리가루)
+
올리브유 6큰술

**2**
**살사 드레싱**
(완성량 7~8큰술)
=
라임즙 3큰술(또는 레몬즙)
+
다진 양파 2큰술
+
다진 고수 1큰술(생략 가능)
+
다진 청양고추 1작은술
+
원당 1큰술
+
소금 1/4작은술
+
통후추 간 것 약간
+
올리브유 4큰술

• 핸드블렌더나 믹서에 갈지 않고,
각각의 재료를 섞도록 한다.

**3**
**갈릭 허브 오일 드레싱**
(완성량 10~11큰술)
=
레몬즙 2큰술
+
다진 마늘 1큰술
+
다진 허브 1/2큰술
(로즈메리, 타임)
+
원당 1큰술
+
소금 1/4작은술
+
통후추 간 것 약간
+
올리브유 6큰술

**4**
**레몬 오일 드레싱**
(완성량 10~11큰술)
=
레몬즙 4큰술
+
꿀 2큰술
+
소금 1/4작은술
+
통후추 간 것 약간
+
올리브유 6큰술

기본 가이드

- ☑ 보관 도중 올리브유와 다른 재료가 분리될 수 있으니 먹기 직전에 충분히 섞거나 흔들어주세요.
- ☑ 마늘이나 양파가 들어갈 경우 맛이 빠르게 변할 수 있어요. 먹을 때마다 조금씩 섞으면 좀 더 오래 보관할 수 있어요.

**5**
**허니 홀그레인 머스터드 드레싱**
(완성량 7~8큰술)
=
레몬즙 2큰술
+
홀그레인 머스터드 1작은술
+
꿀 1큰술
+
소금 약간
+
통후추 간 것 약간
+
올리브유 3큰술

**6**
**페스토 드레싱**
(완성량 9~10큰술)
=
레몬즙 2큰술
+
시판 바질 페스토 2큰술
+
올리브유 4큰술
+
기호에 따라 원당으로 단맛 추가

## 올리브유 이야기

'좋은 지방'이라고 불리는 올리브유에는 폴리페놀, 비타민E와 같은 천연 항산화성분이 풍부합니다. 이는 체내 활성산소를 억제하고 염증을 완화하는데 효과적이며 특히 올레오칸탈(Oleocanthal)이라는 성분은 강력한 항염 작용을 하는 것으로 알려져 있어요. 게다가 위장의 해로운 박테리아, 특히 위궤양 및 위암을 유발하는 헬리코박터 파일로리균을 퇴치하는 데 도움을 줄 수 있다는 연구결과가 있습니다.

### 좋은 올리브유 고르는 법

1 열을 가하지 않고 낮은 온도에서 압착한 냉압착, 또는 콜드 프레스 '엑스트라 버진 올리브유'를 추천.

2 산도가 낮을수록 더 신선하고 좋은 것.

3 빛과 공기에 쉽게 산패되므로 어두운색의 유리병이나 스테인리스 캔에 담긴 것.

4 생산일 또는 수확일이 최근인 것.

### 보관 방법

1 빛이 들어오거나 가스레인지 등 열원과 떨어져 있는 어둡고 서늘한 곳.

2 뚜껑을 잘 닫아 공기와의 접촉을 최소화.

3 개봉 후에는 가급적 2~3개월 내로 섭취.

## 들기름 드레싱 4가지

- ☑ 들기름은 오메가3가 풍부하며 학습 능력, 기억력 증진 및 심혈관 질환 예방에 좋답니다. 또한 지방 연소를 촉진하고 식욕을 억제하는데 도움이 돼요.
- ☑ 들기름 드레싱 특유의 고소한 향은 특히 두부, 닭가슴살, 새우, 파스타와 잘 어울려요.
- ☑ 익숙한 맛 덕분에 샐러드, 파스타, 밥, 면 등에 두루 활용이 가능하지요.
- ☑ 다른 드레싱에 비해 보관 기간이 짧은 편이므로 조금씩 만들어 즐기도록 하세요.

---

**1**
**들깨 드레싱**
(완성량 8~9큰술)
‖
물 2큰술
+
양조간장 2큰술
+
레몬즙 1큰술
+
다진 마늘 1작은술
+
들깻가루 1큰술
+
원당 1/2작은술
+
소금 약간
+
통후추 간 것 약간
+
들기름 4큰술

**2**
**들기름 청양고추 드레싱**
(완성량 10~11큰술)
‖
물 2큰술
+
양조간장 2큰술
+
레몬즙 1작은술
+
다진 청양고추 1큰술
+
다진 마늘 1작은술
+
원당 1큰술
+
소금 약간
+
통후추 간 것 약간
+
들기름 4큰술

**3**
**들기름 유자 드레싱**
(완성량 8~9큰술)
‖
레몬즙 2큰술
+
유자청 2큰술
+
다진 마늘 1작은술
+
소금 약간
+
통후추 간 것 약간
+
들기름 4큰술

**4**
**들기름 김 페스토 드레싱**
(완성량 9~10큰술)
‖
레몬즙 2큰술
+
어간장 1작은술
+
다진 마늘 1작은술
+
견과류 1큰술(캐슈너트)
+
통깨 간 것 1큰술
+
김 약간(간이 되지 않은 것)
+
소금 약간
+
통후추 간 것 약간
+
들기름 4큰술
+
기호에 따라 원당으로 단맛 추가

● 핸드블렌더나 믹서에 곱게 간다.

기본 가이드

## 견과류 드레싱 4가지

- ☑ 견과류는 지방, 단백질, 식이섬유가 풍부하고, 포만감을 오래 유지시켜줘요. 고소하고 묵직한 풍미를 가졌어요.
- ☑ 양배추나 당근처럼 아삭한 식감의 채소, 과일과 잘 어울리며 닭고기, 두부와도 맛 궁합이 뛰어나요.
- ☑ 샌드위치 스프레드로 활용해도 좋아요.
- ☑ 보관 기간은 3~4일 정도로 짧은 편이에요.

---

**1**
**플레인 땅콩버터 드레싱**
(완성량 8~9큰술)
‖
물 3큰술
+
레몬즙 2큰술
+
땅콩버터 2큰술
+
원당 1/2작은술
+
소금 약간
+
통후추 간 것 약간

**2**
**스파이시 땅콩버터 드레싱**
(완성량 9~10큰술)
‖
레몬즙 4큰술
+
양조간장 1큰술
+
땅콩버터 2큰술
+
스리라차 소스 2큰술
+
원당 1/2작은술
+
통후추 간 것 약간

**3**
**크리미 땅콩버터 드레싱**
(완성량 10~11큰술)
‖
물 3큰술
+
레몬즙 1큰술
+
마요네즈 1작은술
+
땅콩버터 3큰술
+
꿀 1작은술
+
소금 약간
+
통후추 간 것 약간
+
올리브유 2큰술

**4**
**땅콩버터 간장 드레싱**
(완성량 5~6큰술)
‖
물 3큰술
+
레몬즙 2큰술
+
양조간장 1/2큰술
+
땅콩버터 1.5큰술
+
통깨 간 것 1작은술
+
원당 1작은술

## 간장 드레싱 8가지

- ☑ 가장 익숙한 맛의 간장 드레싱이에요.
- ☑ 간장 특유의 감칠맛과 짠맛이 샐러드 재료의 풍미를 살려줘요. 덕분에 깔끔하고 친숙한 맛을 선사합니다.
- ☑ 간장 드레싱에는 오일류가 적게 들어가는 편이라서 더 담백하지요.

### 1
**오리엔탈 드레싱**
(완성량 11~12큰술)
=
양조간장 3큰술
+
식초 3큰술
+
다진 마늘 1작은술
+
연겨자 1/2작은술
(기호에 따라 가감)
+
통깨 간 것 1작은술
+
원당 1큰술
+
소금 약간
+
통후추 간 것 약간
+
올리브유 2큰술

• 바로 먹을 경우 참기름을 더해도 좋다.

### 2
**생강 간장 드레싱**
(완성량 9~10큰술)
=
양조간장 3큰술
+
식초 2큰술
+
생강즙 1/4작은술
(또는 다진 생강)
+
다진 마늘 1작은술
+
원당 1큰술
+
고춧가루 1작은술
+
통후추 간 것 약간
+
올리브유 2큰술

### 3
**유자 폰즈 드레싱**
(완성량 11~12큰술)
=
양조간장 2큰술
+
물 2큰술
+
식초 2큰술
+
레몬즙 1큰술
+
유자청 2큰술
+
통후추 간 것 약간
+
올리브유 2큰술

### 4
**통깨 간장 드레싱**
(완성량 9~10큰술)
=
양조간장 2큰술
+
물 2큰술
+
식초 2큰술
+
다진 마늘 1/2작은술
+
통깨 간 것 1큰술
+
원당 1큰술
+
올리브유 1큰술
+
참기름 1작은술
+
통후추 간 것 약간

기본 가이드

☑ 전반적으로 모든 재료와 다 잘 어울려요.
맛이 순한 채소, 육류, 해산물, 연어와 잘 맞고,
과일 중에서는 사과, 토마토와 먹으면
맛있지요. 면과 함께 버무려서 먹기에도 좋고,
나물과도 잘 어울리지요. 피클 간장 드레싱은
간장 베이스의 한국식 피클을 만들 때
활용해보세요.

| 5 | 6 | 7 | 8 |
|---|---|---|---|
| **피쉬 간장 드레싱** | **씨겨자 간장 드레싱** | **쯔유 드레싱** | **피클 간장 드레싱** |
| (완성량 6~7큰술) | (완성량 8~9큰술) | (완성량 7~8큰술) | (완성량 약 1컵) |
| = | = | = | = |
| 양조간장 2큰술 | 양조간장 1큰술 | 쯔유 3큰술 | 양조간장 1/8컵(25㎖) |
| + | + | + | + |
| 레몬즙 2큰술 | 식초 4큰술 | 물 6큰술 | 식초 1/4컵(50㎖) |
| + | + | + | + |
| 액젓 1큰술 | 레몬즙 1큰술 | 식초 2큰술 | 물 1/2컵(100㎖) |
| + | + | + | + |
| 다진 마늘 1작은술 | 다진 마늘 1/2작은술 | 다진 마늘 1작은술 | 레몬즙 10㎖ |
| + | + | + | + |
| 다진 청양고추 1작은술 | 홀그레인 머스터드 1/2큰술 (또는 연겨자) | 원당 1/2큰술 | 원당 30g (또는 알룰로스) |
| + | + | + | |
| 꿀 1큰술 | 원당 1큰술 | 올리브유 1큰술 | |
| + | + | + | |
| 통후추 간 것 약간 | 통후추 간 것 약간 | 통후추 간 것 약간 | |

## 칠리 드레싱 5가지

- ☑ 칠리(Chili)는 고추를 통칭하는 말이에요. 각 나라를 대표하는 칠리로 만든 드레싱입니다.
- ☑ 고추장은 한식 샐러드에 잘 어울리고, 스리라차 소스는 이국적인 매운맛을 낼 수 있지요. 특히 스리라차 소스는 열량이 매우 낮은 장점을 가졌어요.
- ☑ 아시아권에서 즐기는 칠리 드레싱에는 레몬즙보다 라임즙이 더 잘 어울려요.

### 1
**고추장 드레싱**
(완성량 9~10큰술)
=
식초 3큰술
+
꿀 2큰술
+
소금 약간
+
통후추 간 것 약간
+
고추장 3큰술
+
올리브유 1큰술
+
참기름 1작은술
(생략 가능)

### 2
**칠리 갈릭 드레싱**
(완성량 9~10큰술)
=
식초 2큰술
+
다진 마늘 1큰술
+
스리라차 소스 3큰술
+
꿀 1큰술
+
소금 약간
+
통후추 간 것 약간
+
올리브유 2큰술

### 3
**타이 스위트 칠리 드레싱**
(완성량 9~10큰술)
=
라임즙 4큰술
+
피쉬 소스 1큰술
+
다진 고추 1큰술
+
다진 마늘 1/2작은술
+
소금 약간
+
통후추 간 것 약간

### 4
**아시안 칠리 드레싱**
(완성량 10~11큰술)
=
식초 4큰술
+
다진 마늘 1/2큰술
+
스위트 칠리 소스 2.5큰술
+
스리라차 소스 3큰술
+
통깨 간 것 1작은술
+
소금 약간
+
통후추 간 것 약간

### 5
**쏨땀 드레싱**
(완성량 11~12큰술)
=
라임즙 4큰술
+
피쉬 소스 3큰술
+
다진 홍고추 2큰술
+
다진 마늘 1작은술
+
원당 2큰술
+
소금 약간
+
통후추 간 것 약간

## 과일 드레싱 5가지

- ☑ 생과일, 과일청, 과일즙을 활용한 드레싱이에요.
- ☑ 신선하고 상큼한 맛이 기본이되, 더하는 재료에 따라 색다른 맛을 낼 수 있지요.
- ☑ 과일마다 당도가 다르므로 단맛은 기호에 따라 가감해주세요.
- ☑ 보관 기간은 생과일을 더한 것은 2~3일 정도, 청 종류로 만든 것은 7~10일 정도 가능해요.

---

**1**
**오렌지 드레싱**
(완성량 약 1/2컵)
=
오렌지 1/2개
(과육 무게 65~70g)
+
양파 1/7개(30g)
+
화이트 발사믹식초 2큰술
+
소금 1/4작은술
+
원당 1작은술
+
통후추 간 것 약간
+
올리브유 2큰술

• 핸드블렌더나 믹서에 곱게 간다.

**2**
**키위 드레싱**
(완성량 약 2/3컵)
=
키위 2개(150g)
+
레몬즙 1큰술
+
원당 1작은술
+
소금 약간
+
통후추 간 것 약간
+
올리브유 2큰술

• 핸드블렌더나 믹서에 곱게 간다.

**3**
**유자 드레싱**
(완성량 8~9큰술)
=
식초 4큰술
+
홀그레인 머스터드 1작은술
+
유자청 3큰술
+
소금 약간
+
통후추 간 것 약간
+
올리브유 1큰술

**4**
**토마토 드레싱**
(완성량 약 1/4컵)
=
시판 토마토 소스 1/4컵(50㎖)
+
페스토 드레싱 1큰술
(33쪽, 또는 시판 페스토)

**5**
**레몬 드레싱**
(완성량 6~7큰술)
=
레몬즙 2큰술
+
물 2큰술
+
원당 1큰술
+
소금 약간
+
통후추 간 것 약간
+
올리브유 2큰술

# 치즈 드레싱 5가지

- ☑ 풍부하고 깊은 맛을 내는 치즈 드레싱은 사용하는 치즈에 따라 다양함을 느낄 수 있어요. 치즈에는 기본적으로 감칠맛과 염도가 있어 소량만 넣어도 큰 역할을 합니다.

- ☑ 페타 치즈는 짭짤한 맛이 특징이고, 쿰쿰한 향을 내는 고르곤졸라 치즈는 샐러드의 풍미를 더 끌어올려줘요. 대중적인 맛을 가진 파마산 치즈는 다양하게 활용 가능해요. 발효나 숙성을 거치지 않은 크림치즈는 크리미하고 부드러운 질감이 있어 누구나 좋아하지요. 덕분에 스프레드처럼 활용하기에도 좋아요.

- ☑ 보관 기간은 3~4일 정도로 짧은 편이에요.

---

**1**
**페타 요거트 드레싱**
(완성량 10~11큰술)
=
레몬즙 2큰술
+
플레인 요거트 2큰술
+
꿀 1큰술
+
페타 치즈 3큰술
+
허브가루 약간
+
올리브유 2큰술

**2**
**호두 고르곤졸라 치즈 드레싱**
(완성량 10~11큰술)
=
레몬즙 1큰술
+
다진 호두 1큰술
+
플레인 요거트 3큰술
+
꿀 1큰술
+
고르곤졸라 치즈 30g
+
소금 1/4작은술
+
통후추 간 것 약간
+
올리브유 2큰술

**3**
**파마산 치즈 드레싱**
(완성량 6~7큰술)
=
레몬즙 1큰술
+
화이트 발사믹식초 1큰술
+
홀그레인 머스터드 1작은술
+
파마산 치즈가루 10g
+
통후추 간 것 약간
+
올리브유 3큰술

**4**
**크리미 블루 치즈 드레싱**
(완성량 5~6큰술)
=
물 2큰술
+
레몬즙 1큰술
+
마요네즈 1큰술
+
플레인 요거트 2큰술
+
꿀 약간
(기호에 따라 가감)
+
고르곤졸라 치즈 40g
+
통후추 간 것 약간

**5**
**크림치즈 허니 드레싱**
(완성량 10~11큰술)
=
레몬즙 2큰술
+
플레인 요거트 3큰술
(농도에 따라 가감)
+
꿀 2큰술
+
크림치즈 3큰술
+
통후추 간 것 약간

## 요거트 드레싱 4가지

- ☑ 요거트 드레싱은 마요네즈 드레싱의 대안으로 훨씬 낮은 열량과 가벼운 맛으로 부담 없이 즐길 수 있어요.
- ☑ 상큼하고 부드러운 맛 덕분에 양배추, 셀러리, 비트와 같이 단단하고 거친 채소나 견과류, 구황작물, 매운맛의 샐러드에 두루 잘 어울리지요.
- ☑ 보관 기간은 3~4일 정도로 짧은 편이에요.

기본 가이드

---

**1**
**요거트 머스터드 드레싱**
(완성량 약 2/3컵)
=
레몬즙 1큰술
+
꿀 1큰술
+
플레인 요거트 1개
(무가당, 100㎖)
+
머스터드 1작은술
+
소금 약간
+
통후추 간 것 약간

**2**
**요거트 드레싱**
(완성량 약 1/2컵)
=
레몬즙 1큰술
+
홀그레인 머스터드
1작은술
+
플레인 요거트 1개
(무가당, 100㎖)
+
꿀 1작은술
+
통후추 간 것 약간
+
파슬리가루 약간

**3**
**차지키 드레싱**
(완성량 약 1.5컵)
=
오이 1/2개
(100g, 잘게 다져 물기를 꼭 짜서 사용)
+
레몬즙 1큰술
+
그릭 요거트 240g
+
꿀 약간
+
다진 마늘 1작은술
+
소금 1/2작은술
+
허브가루 1작은술(딜, 민트 등)
+
올리브유 1큰술

**4**
**그릭 요거트 드레싱**
(완성량 약 2/3컵)
=
레몬즙 1큰술
+
다진 마늘 1작은술
+
그릭 요거트 100g
+
꿀 약간
+
소금 약간
+
통후추 간 것 약간
+
딜 약간(생략 가능)
+
올리브유 1큰술

# 마요네즈 드레싱 8가지

☑ 마요네즈 드레싱은 크리미하고 부드러운 질감이 특징이에요.

☑ 좀 더 건강하게 즐기고 싶다면 저당 마요네즈를 사용하세요. 마요네즈 대신 연두부를 사용해도 좋아요.

☑ 양배추, 감자, 고구마, 단호박과 특히 잘 어울려요. 쌉싸래한 맛의 채소와도 맛 궁합이 좋고, 튀김의 디핑 소스로도 추천해요.

---

**1**
**시저 드레싱**
(완성량 10~11큰술)
=
레몬즙 2큰술
+
다진 앤초비 1작은술
+
마요네즈 4큰술
+
디종 머스터드 1큰술
+
파마산 치즈가루 2큰술
+
원당 1작은술
+
통후추 간 것 약간

**2**
**스리라차 마요 드레싱**
(완성량 9~10큰술)
=
레몬즙 1큰술
+
마요네즈 3큰술
+
스리라차 소스 4큰술
+
원당 2작은술
+
카이엔페퍼 1/2작은술
(또는 고운 고춧가루)
+
통후추 간 것 약간

**3**
**랜치 드레싱**
(완성량 8~9큰술)
=
레몬즙 2큰술
+
다진 양파 1큰술
+
다진 파슬리 1큰술
+
마요네즈 4큰술
+
원당 1작은술
+
소금 1/4작은술
+
통후추 간 것 약간

**4**
**허니 머스터드 드레싱**
(완성량 8~9큰술)
=
레몬즙 1큰술
+
마요네즈 4큰술
+
머스터드 2큰술
+
꿀 2큰술
+
통후추 간 것 약간

기본 가이드

### 5
**타르타르 드레싱**
(완성량 7~8큰술)

=

레몬즙 1큰술
+
다진 양파 1큰술
+
다진 피클 1큰술
+
마요네즈 3큰술
+
홀그레인 머스터드
1작은술
+
원당 1작은술
+
마늘가루 1/2작은술
(또는 다진 마늘 1/4작은술)
+
통후추 간 것 약간

### 6
**통깨 마요 드레싱**
(완성량 7~8큰술)

=

레몬즙 1큰술
+
양조간장 1큰술
+
물 약간
(농도에 따라 가감)
+
다진 마늘 1작은술
+
마요네즈 3큰술
+
꿀 1작은술
+
통깨 간 것 2큰술
+
통후추 간 것 약간

### 7
**키위 마요 드레싱**
(완성량 약 1컵)

=

키위 1/2개(45g)
+
식초 2큰술
+
마요네즈 2큰술
+
플레인 요거트 1큰술
+
꿀 1큰술
+
소금 약간
+
통후추 간 것 약간

• 핸드블렌더나 믹서에 곱게 간다.

### 8
**들깨 마요 드레싱**
(완성량 7~8큰술)

=

물 2큰술
+
식초 1큰술
+
마요네즈 2큰술
+
홀그레인 머스터드
1/2작은술
+
들깻가루 1큰술
+
원당 1/2작은술
+
소금 약간
+
통후추 간 것 약간

# 발사믹 드레싱 5가지

- ☑ 새콤하고 시큼한 맛이 특징인 드레싱입니다.
- ☑ 발사믹식초는 비타민과 미네랄이 풍부하여 신진대사 촉진에 영향을 주고, 구연산과 같은 유기산이 피로회복에 도움을 줘요.
- ☑ 부피 대비 열량과 당 함량이 높을 수 있으므로 다이어트 중이라면 드레싱의 양을 조절하세요.
- ☑ 토마토, 치즈와 잘 어울리고 과일(딸기, 무화과, 블루베리, 체리)이나 견과류, 치즈(페타 치즈, 부라타 치즈)와도 훌륭한 조합을 자랑해요. 생선 요리에 곁들이면 맛을 잡아주는 역할도 하지요.

---

**1**
**클래식 발사믹 드레싱**
(완성량 4~5큰술)
=
발사믹식초 4큰술
+
레몬즙 1큰술
+
다진 양파 1작은술
+
원당 1큰술
+
소금 1/4작은술
+
통후추 간 것 약간

**2**
**허브 발사믹 드레싱**
(완성량 8~9큰술)
=
발사믹식초 4큰술
+
레몬즙 1큰술
+
다진 마늘 1/2작은술
+
다진 허브 1작은술
(바질, 오레가노, 타임)
+
원당 1큰술
+
소금 1/4작은술
+
통후추 간 것 약간
+
올리브유 2큰술

**3**
**스위트 발사믹 드레싱**
(완성량 9~10큰술)
=
발사믹식초 4큰술
+
레몬즙 1큰술
+
메이플시럽 2큰술
+
소금 1/4작은술
+
통후추 간 것 약간
+
올리브유 2큰술

**4**
**화이트 발사믹 드레싱**
(완성량 7~8큰술)
=
화이트 발사믹식초 4큰술
+
레몬즙 1큰술
+
홀그레인 머스터드 1작은술
+
원당 1큰술
+
통후추 간 것 약간

**5**
**피클 드레싱**
(완성량 7~8큰술)
=
화이트 발사믹식초 3큰술
+
레몬즙 1큰술
+
원당 1큰술
+
소금 약간
+
통후추 간 것 약간

## 실패 없는 샐러드를 위한
# 계량 가이드

### 이 책의 모든 레시피는요!

요리의 기본은 계량. 표준화된 맛을 위해
이 책에서 사용한 레시피 계량방법을 소개합니다.

☑ **표준화된 계량도구를 사용했습니다.**
- 1컵은 200㎖, 1큰술은 15㎖,
  1작은술은 5㎖ 기준입니다.
- 계량도구 계량 시 가루류는
  윗면을 평평하게 깎아서, 액체류는
  찰랑찰랑 담아야 정확합니다.
- 밥숟가락은 보통 12~13㎖로
  계량스푼(큰술)보다 작으니 감안해서
  조금 더 넉넉히 담아야 합니다.

☑ **인분 수는 성인 기준으로 적었습니다.**
- 식사량에 따라 조금씩 차이가 있을 수 있습니다.

☑ **채소, 과일, 해산물은 중간 크기를
기준으로 제시했습니다.**
- 양파, 당근, 가지, 토마토 등 개수로 표시된 채소는
  너무 크거나 작지 않은 중간 크기를 기준으로
  개수와 무게를 표기했습니다.
  그 외의 것은 사이즈를 함께 적어뒀습니다.

### 많이 사용하는 재료 중량

샐러드에 많이 사용하는 재료의 중량표입니다.
계량도구 기준의 무게를 확인하면 좀 더 편리하답니다.

☑ **액체 vs 고형 차이**
- 물·식초·간장 등 액체류 1큰술 = 15g
- 꿀·고추장·된장 등 점성 있는 고형류 1큰술 = 20g

☑ **밀가루·설탕류**
- 밀가루 1컵(200㎖) = 약 100g
- 설탕 1컵(200㎖) = 약 160~180g (입자에 따라 차이 큼)
- 동일한 1컵이라도 밀가루는 가볍고 설탕은 무겁다.
  따라서 부피와 무게를 동일하게 계산해서는 안 된다.

☑ **그 외**
- 올리브유 1큰술 = 약 13g
- 아몬드 1큰술 = 약 8~10알 (10g 정도)
- 호두 1/2개 = 약 2g
- 아몬드 1큰술 = 약 8~10알 (10g 정도)
- 어린잎채소 1줌 = 약 20g
- 루콜라 1줌 = 약 15g
- 약간 = 한 꼬집 정도의 양인 0.3~0.5g 정도

## 갖춰두면 유용한
# 도구 & 그릇

미리 구비해두면 샐러드 만들 때 좀 더 간편하게, 가뿐하게 만들어줄 도구를 소개합니다. 리화쌤 추천 브랜드도 주황색으로 표기했으니 참고하세요.

## [조리 도구]

### 스테인리스 냄비
여러 해 사용해도 변형이 없는 내구성과 무게감, 깨끗한 맛을 낼 수 있는 스테인리스 냄비를 추천해요.
- 샐러드마스터

### 주물냄비
너무 크거나 무겁지 않은 것을 사용해야 손이 자주 가요. 조리 후 바로 먹는 따뜻한 웜 샐러드에 추천해요.
- 버미큘라, 스타우브

## [소도구]

### 계량스푼 & 계량컵
드레싱은 특히나 계량이 생명인 만큼 계량도구 사용을 습관화하도록 하세요. 계량컵은 눈금이 보기 쉬운 투명한 유리제품이 좋답니다.
- 계량스푼 : 스테인리스 재질의 일체형
- 계량컵 : 파이렉스

기본 가이드

### 칼 & 그레이터 & 채칼
칼을 가장 많이 사용하지만
그레이터나 강판, 채칼이 있으면
훨씬 수월하게 요리를 만들 수
있어요.
- 채칼 : 독일 헤스타 V-슬라이서
- 그레이터 : 마이크로플레인마

### 도마 (실리콘/나무)
환경호르몬 걱정이 덜한 제품으로
사용해요. 또한 채소, 육류, 해산물,
과일용으로 도마를 구분해서
사용하면 더 위생적이지요.
- 고기·채소 : 실리콘 도마
- 과일·치즈 : 나무 도마

### 채소탈수기 (샐러드 스피너)
채소의 물기만 제대로 없애줘도
샐러드의 맛이 달라져요.
드레싱이 채소에 잘 스며들게 되고
겉돌지 않는답니다.
- 대부분 채소탈수기를 사용하지만,
  채소의 양이 적을 때에는 체에 받쳐
  물기를 뺀 후 키친타월로
  한 번 더 감싸는 방법도 추천

### 집게
젓가락보다 사용이 간편해서 자주
이용하는 집게. 요리용뿐만 아니라
플레이팅용으로도 추천해요.
- 조리용 : 실리콘
- 플레이팅용 : 양손가락 스테인리스

### 볶음 주걱
샐러드 재료를 볶거나 구울 때
주로 사용하는 주걱이에요.
긁힘 없이 사용할 수 있고
그립감이 좋은 제품을 추천해요.
- 나무, 실리콘 소재

### 핸드블렌더 & 미니 믹서
재료를 갈아서 만드는 드레싱이나
페스토 등에 꼭 필요한 도구.
너무 많은 기능보다 단순한 것이
오래 사용할 수 있어서 좋습니다.
- 핸드블렌더 : 브라운
- 미니 믹서 : 닌자, 뉴트리불렛

### 볼
드레싱을 만들거나 샐러드 재료를
버무릴 때, 절임용 등 두루두루
사용하는 볼이에요.
- 유리나 스테인리스 제품

### 바트 & 밀폐용기
손질 채소, 드레싱, 남은 샐러드를
지켜주는 보물 상자예요.
바트에는 바로 해먹을 밑재료
손질을, 밀폐용기에는 남은 재료를
보관하기 좋아요. 드레싱 보관은
냄새가 밸 걱정 없는 유리 제품을
추천하지요.
- 바트 : 스테인리스 제품
- 밀폐용기 : 유리, BPA-free 제품
- 드레싱 보관병 : 실리쿡

## [그릇]

### 도자기류
샐러드나 요리를 가장 돋보이게
해주는 그릇이에요. 유광의 블랙이나
화이트 계열, 채도가 낮은 청색,
브라운 계열을 추천해요.
- 노승철 도자기
  @roh_seung_choul_pottery

### 우드류
우드(나무) 소재의 그릇은 따뜻하고
자연스러운 연출에 최적화되어
있어요. 볼이나 그릇 등 다양하게
활용할 수 있지요.
- 자주, 이케아, 무인양품

### 오븐용 그릇 (캐서롤)
직화와 오븐에 모두 사용 가능한
그릇도 구비해두면 좋아요.
양쪽에 손잡이가 달린 형태가
대부분이며 웜 샐러드, 그라탱,
토핑 만들 때 활용할 수 있답니다.
- 락앤락, 이와키, 덴비, 네오플램,
  르쿠르제, 스타우브

### 미니 주물 스킬렛
손잡이가 달린 팬 모양의 주물 스킬렛
역시 요리한 후 식탁에 그대로 올리기
좋아요. 따뜻하게 먹는 요리의 온도를
오래 유지시켜주는 장점도 있답니다.
그릴이 있는 제품을 사용하면 요리를
좀 더 멋스럽게 만들 수도 있지요.
- 롯지, 빅토리아, 오이겐

47

# 1.
## 리화쌤의
## 시그니처 샐러드

쿠킹클래스에서 많은 분들의 넘치는 사랑을 받은,
일명 '리화쌤 시그니처 샐러드 10가지'를 소개합니다.
뭐부터 만들까 고민이라면?
시그니처 샐러드부터 시작하세요!

라페(Râpées)는 채소를 가늘고 얇게 썬다는 의미의 프랑스어예요.
특히 당근으로 만든 라페는 프랑스에서 김치처럼 먹는 국민 샐러드랍니다.
일주일 먹을 분량으로 넉넉히 만들어두면 그대로 먹거나, 샐러드 토핑이나 샌드위치 속재료로 활용할 수 있어요.

# 당근라페

새콤달콤한 맛과 아삭한 식감이 특징인 어디에 곁들여도 잘 어울리는 샐러드. 당근 특유의 흙냄새나 쓴맛이 느껴지지 않아 누구나 거부감 없이 즐길 수 있는 맛. 올리브유를 듬뿍 더해 지용성 비타민인 베타카로틴의 흡수율도 올리고, 풍미도 더했어요.

 4~5회분
 15~20분(+ 숙성시키기 1일)
 냉장 4~5일

- 당근 2와 1/2개(500g)
- 식초 5큰술
- 소금 1.5작은술
- 원당 1큰술(기호에 따라 가감)
- 홀그레인 머스터드 1큰술
- 레몬즙 4큰술
- 올리브유 4큰술
- 통후추 간 것 약간
- 파슬리가루 약간

1 당근은 필러로 얇게 슬라이스하거나, 채칼로 가늘게 채 썬다.
 • 최대한 얇게 썰어야 더 잘 절여진다.
 • 채칼을 사용할 때는 다칠 수 있으니 장갑을 사용하는 것이 좋다.
2 볼에 당근, 식초, 소금을 넣고 버무려 10분간 절인다.
3 당근의 물기를 꼭 짠다.
4 볼에 절인 당근, 원당, 홀그레인 머스터드, 레몬즙, 올리브유, 통후추 간 것을 넣고 버무린다.
5 밀폐용기에 담고 바로 먹거나 냉장실에서 1일간 숙성시킨 후 먹는다. 그릇에 담고 파슬리가루를 뿌린다.

마리네이드(Marinade)는 요리하기 전 고기나 생선, 채소 등에 조미한 소스를 부어 일정 시간 재워두는 과정을 뜻해요.

# 방울토마토 마리네이드

신선한 방울토마토를 올리브유, 허브, 식초 등으로 재워 풍미를 더한 샐러드. 방울토마토가 마리네이드 소스를 흡수해 본연의 단맛과 새콤한 맛이 더욱 풍부해요.

 2~3인분
 20~25분
 냉장 2일

- 방울토마토 20개(300g)
- 다진 양파 1큰술
- 파슬리가루 약간

**DRESSING**
원하는 드레싱을 선택하세요!
① 클래식 발사믹 드레싱 4~6큰술(44쪽, 사진 속 드레싱)
② 레몬 오일 드레싱 3~5큰술(32쪽)
③ 피클 드레싱 3~5큰술(44쪽)

1. 드레싱은 재료가 잘 어우러지도록 먼저 섞어둔다.
2. 방울토마토의 꼭지를 없앤 후 반대쪽에 열십(+) 자로 칼집을 낸다.
3. 끓는 물에 방울토마토를 넣고 10초간 데친 후 차가운 물에 담가둔다.
4. 칼집 낸 쪽부터 껍질을 벗긴 후 한 김 식힌다.
5. 큰 볼에 드레싱, 방울토마토, 다진 양파를 넣고 버무린다.
6. 바로 먹거나, 냉장실에서 3시간 숙성시킨다.
   그릇에 담고 파슬리가루를 뿌린다.

## 엄마맛 과일 샐러드

단맛이 적은 과일에 마요네즈를 듬뿍 넣어 만들어주시던, 어린 시절 추억이 담긴 엄마표 과일 샐러드. 마요네즈 대신 요거트 드레싱을 활용해 좀 더 건강하고 담백하게 만들었어요. 냉장고 속 애매하게 남은 과일 무엇이든 활용 가능해요.

 1~2인분

 10~15분

- 한입 크기로 썬 과일 3~4컵 (400g)
- 다진 견과류 2~3큰술
  (또는 그래놀라, 시리얼)

### DRESSING
원하는 드레싱을 선택하세요!
① 요거트 드레싱 2~3큰술 (41쪽, 사진 속 드레싱)
② 크림치즈 허니 드레싱 2~3큰술 (40쪽)
③ 화이트 발사믹 드레싱 2~3큰술 (44쪽)

1 드레싱은 재료가 잘 어우러지도록 먼저 섞어둔다.
2 과일은 껍질을 벗긴 후 한입 크기로 썬다.
3 큰 볼에 손질한 과일, 드레싱을 넣고 버무린다.
  • 드레싱과 미리 버무려두면 과일의 색이 변하는 것을 막을 수 있다.
4 그릇에 담고 다진 견과류를 뿌린다. 드레싱을 더 곁들여 기호에 따라 원하는 만큼 넣어 먹어도 좋다.

리화쌤의 시그니처 샐러드

2

3

과카몰리(Guacamole)는 으깬 아보카도, 토마토, 양파, 고수, 할라피뇨, 라임즙이나 레몬즙 등을 섞어 만든 멕시코 전통 소스예요.

# 과카몰리와 파인애플 살사 + 피타브레드

구하기 쉬운 재료를 더한 과카몰리에 상큼한 파인애플 살사, 피타브레드를 곁들이면 샌드위치와 샐러드를 함께 맛볼 수 있답니다.

리화쌤의 시그니처 샐러드

 2인분

 15~20분

- 피타브레드 2개(또는 또띠야)

**과카몰리**
- 아보카도 1개(잘 익은 것)
- 레몬즙 1.5큰술
- 다진 양파 1작은술
- 다진 토마토 1작은술
- 원당 1/2작은술
- 소금 1/4작은술
- 통후추 간 것 약간

**파인애플 살사**
- 굵게 다진 파인애플 2큰술
- 살사 드레싱 1~1.5큰술(32쪽)
- 라임즙 1큰술(또는 레몬즙)
- 소금 1/4작은술
- 통후추 간 것 약간
- 오레가노가루 약간(또는 파슬리가루)

### 피타브레드
중동지역에서 많이 먹는 납작한 빵. 속이 비어 포켓 형태인 것이 특징이다.

1. 파인애플은 굵게 다진 후 나머지 파인애플 살사 재료와 섞는다.
2. 달군 팬에 피타브레드를 올려 노릇하게 구운 후 2등분한다.
3. 아보카도는 과육만 분리한 후 볼에 담아 으깬다. 나머지 과카몰리 재료를 넣고 섞는다.
   - 과카몰리는 미리 만들어두면 색이 변하게 되므로 먹기 직전에 만든다.
4. 그릇에 피타브레드, 과카몰리, 파인애플 살사를 함께 담는다. 피타브레드 속에 샐러드를 넣어 먹는다.

1

3

판자넬라(Panzanella)는 이탈리아 토스카나 지방에서 유래한 샐러드예요. 딱딱해진 빵을 물에 적셔 부드럽게 한 후 토마토, 양파, 올리브유, 식초 등과 섞어 만드는 이탈리아 대표 가정식 중 하나랍니다.

# 판자넬라 샐러드

한입 가득 이탈리아의 따스한 햇살 같은 맛을 느낄 수 있는 소박하지만 맛있는 샐러드. 딱딱한 빵 조각들이 여러 재료의 풍미를 머금어 부드럽고 맛있어요.

 2인분
 25~30분
 냉장 1주일

- 바게트 1/3개
- 오이 1/4개(50g)
- 방울토마토 8개
- 삶은 달걀 2개
- 견과류 1큰술
- 다진 양파 2큰술
- 허브가루 1/4작은술(바질, 오레가노 등)
- 올리브유 2큰술
- 파마산 치즈가루 1작은술
- 그라나파다노 치즈 간 것 약간
- 통후추 간 것 약간

**DRESSING**

원하는 드레싱을 선택하세요!
① 갈릭 허브 오일 드레싱 3~4큰술(32쪽, 사진 속 드레싱)
② 이탈리안 드레싱 3~4큰술(32쪽)
③ 화이트 발사믹 드레싱 3~4큰술(44쪽)

1 드레싱은 재료가 잘 어우러지도록 먼저 섞어둔다.
2 바게트는 한입 크기로 썬 후 올리브유, 파마산 치즈가루와 버무려 오븐 팬에 펼쳐 담는다.
3 180℃로 예열한 오븐(또는 에어프라이어)에서 10분간 굽는다.
4 오이는 깍뚝 썰고, 방울토마토와 삶은 달걀은 4등분한다. 견과류는 다지고, 양파는 분량만큼 다진다.
 • 오이 가운데 씨를 잘라내고 넣으면 더 아삭하고 물이 덜 생긴다.
5 볼에 구운 바게트, 채소, 달걀, 견과류, 다진 양파, 드레싱을 넣고 버무린다.
6 그릇에 모든 재료를 담고 허브가루, 통후추 간 것, 그라나파다노 치즈 간 것을 뿌린다.

콥샐러드(Cobb)는 미국의 Robert Cobb이라는 사람이 처음 만들어서 붙여진 이름이에요. 전형적인 미국식 샐러드로 모든 재료를 한입 크기로 썰어서 즐기는 특징이 있지요.

# 콥 샐러드

다양한 재료가 잘 보이도록 담아 화려한 비주얼과 풍부한 맛을 자랑하는 샐러드. 채소, 단백질, 지방 등 영양소가 골고루 들어있어 한 끼 식사로도 손색이 없고 냉털 샐러드로도 활용도 만점이랍니다.

 2인분

 20~25분

- 베이컨 2줄
- 닭가슴살 토핑 1/2개(50g, 26쪽)
- 냉동 생새우살 4~5마리
- 삶은 달걀 1개
- 오이 1/4개(50g)
- 방울토마토 6~8개
- 시판 냉동 옥수수 1큰술 (또는 통조림 옥수수, 옥수수)
- 샐러드채소 적당량
- 소금 1/4작은술
- 통후추 간 것 약간
- 올리브유 약간
- 슈레드 치즈 약간(또는 파마산 치즈가루)
- 파슬리가루 약간

### DRESSING
원하는 드레싱을 선택하세요!
① 클래식 발사믹 드레싱 3~4큰술 (44쪽, 사진 속 드레싱)
② 이탈리안 드레싱 3~4큰술(32쪽)
③ 요거트 드레싱 2~3큰술(41쪽)

1 드레싱은 재료가 잘 어우러지도록 먼저 섞어둔다.
2 닭가슴살 토핑은 26쪽을 참고해 준비한다.
3 냉동 생새우살은 찬물에 10분간 담가 해동한 후 소금, 통후추 간 것을 뿌려 밑간한다.
4 삶은 달걀은 4등분한다.
5 오이는 깍둑 썰고, 방울토마토는 2등분한다. 베이컨은 5cm 크기로 썬다.
- 오이 가운데 씨를 잘라내고 넣으면 더 아삭하고 물이 덜 생긴다.
6 달군 팬에 기름 없이 베이컨을 넣고 중강 불에서 노릇하게 구워 덜어둔다.
7 팬을 다시 중강 불에서 달군 후 올리브유를 두르고 새우를 넣어 1분~1분 30초씩 앞뒤로 각각 굽는다.
- 새우를 오래 구우면 식었을 때 질겨질 수 있으므로 조심한다.
- 새우가 C자 모양으로 되면서 붉은색을 띄면 잘 익은 것이다.
8 그릇에 준비한 재료를 둘러가며 담고 파슬리가루를 뿌린다. 드레싱을 곁들인다.

### 🔴 더 풍성하게 즐기기
버섯 토핑(17쪽), 브로콜리 토핑(21쪽), 슈퍼곡물 토핑(23쪽), 과일 등을 더해 더 풍성하게 즐겨도 좋다.

# 슈퍼곡물 샐러드

높은 영양 밀도를 가진 슈퍼곡물을 주재료로 만든 샐러드.
단백질, 식이섬유, 비타민, 미네랄 등이 풍부해 포만감이 가득해요.
곡물 외에 양상추, 루콜라 등의 신선한 채소, 견과, 건과일,
아보카도 등을 함께 넣으면 맛과 영양이 더욱 풍부해져요.

 1~2인분

 15~20분( + 숙성시키기 10분)

- 병아리콩 토핑 약 1/2컵(80g, 23쪽)
- 렌틸콩 토핑 약 1/4컵(40g, 23쪽)
- 퀴노아 토핑 약 1/4컵(50g, 23쪽)
- 다진 양파 2큰술
- 다진 견과류 2큰술
- 로즈메리 약간(생략 가능)

### DRESSING

원하는 드레싱을 선택하세요!
① 이탈리안 드레싱 3~5큰술(32쪽, 사진 속 드레싱)
② 갈릭 허브 오일 드레싱 3~5큰술(32쪽)
③ 허니 홀그레인 머스터드 드레싱 3~5큰술(33쪽)

1. 드레싱은 재료가 잘 어우러지도록 먼저 섞어둔다.
2. 병아리콩 토핑, 렌틸콩 토핑, 퀴노아 토핑은 23쪽을 참고해 준비한다.
   양파, 견과류는 분량만큼 다진다.
3. 볼에 모든 재료를 넣고 버무린다.
4. 냉장실에서 10분간 숙성시킨 후 먹는다.
   - 숙성시킬수록 더 맛있으므로 전날 미리 만들어둬도 좋다.

2

3

리화쌤의 시그니처 샐러드

포케(Poke)는 하와이어로 '자르다', '썰다'라는 뜻으로, 하와이 전통 요리의 이름이기도 해요. 신선한 생선(주로 참치, 연어 등)을 깍둑 썰어 양파, 마카다미아, 간장, 참기름, 와사비 등 다양한 재료와 함께 버무린 해산물 샐러드인데요, 최근에는 쌀이나 기타 곡물로 지은 밥을 더해 포케볼(Poke bowl) 형태로 만든 메뉴가 세계적으로 인기를 끌고 있답니다.

## 스파이시 연어 포케 샐러드

하와이 전통 음식인 포케에 매콤한 맛을 더한 퓨전 샐러드. 샐러드뿐만 아니라 샌드위치의 속재료로도 즐길 수 있는 인기 만점 메뉴.

 1인분

 15~20분

- 귀리밥 1/2공기(또는 다른 밥)
- 생 연어 100g(횟감용)
- 샐러드채소 적당량
- 오이 1/3개(약 70g)
- 양파 1/4개(50g)
- 날치알 1작은술
- 케이퍼 1/2작은술
- 통깨 간 것 1큰술

**DRESSING**
원하는 드레싱을 선택하세요!
① 스리라차 마요 드레싱 2~3큰술
　(42쪽, 사진 속 드레싱)
② 유자 폰즈 드레싱 2~3큰술(36쪽)

### 더 풍성하게 즐기기
통조림 옥수수, 버섯 토핑(17쪽), 브로콜리 토핑(21쪽), 통조림 콩, 김가루 등을 더해 더 풍성하게 즐겨도 좋다.

1. 드레싱은 재료가 잘 어우러지도록 먼저 섞어둔다.
2. 연어는 한입 크기로 썰어 냉장실에 넣어둔다.
3. 오이는 깍둑 썰고, 양파는 가늘게 채 썬다. 양파는 찬물에 5분간 담가 매운맛을 없애고, 물기를 제거한다.
4. 볼에 연어, 드레싱을 넣고 버무린다.
5. 그릇에 귀리밥, 통깨를 넣고 버무린다.
6. 나머지 재료를 모두 둘러가며 담는다.

2,3

4

# 구운 채소와 연어 스테이크 샐러드

패밀리 레스토랑의 인기 메뉴를 그대로 재현한, 입에 착 붙는 샐러드. 연어를 즐기지 않던 분들도 부담 없이 즐길 수 있는 연어의 입문용 메뉴랍니다.

 2인분

 25~30분

- 생 연어 150g(또는 냉동 연어)
- 올리브유 2큰술 + 약간
- 소금 약간
- 통후추 간 것 약간
- 로즈메리 약간
- 채소 넉넉하게(그린빈, 브로콜리, 단호박, 감자 등, 17~22쪽)

**DRESSING**
원하는 드레싱을 선택하세요!
① 타르타르 드레싱 2~3큰술
   (43쪽, 사진 속 드레싱)
② 레몬 오일 드레싱 2~3큰술(32쪽)
③ 오리엔탈 드레싱 2~3큰술(36쪽)

### 🧡 연어 구입하기

**생 연어** 부드러운 식감을 가졌으며, 지방이 많아 구웠을 때 풍부한 맛을 느낄 수 있지만 유통기한이 짧고 가격이 상대적으로 비싼 편이다.

**냉동 연어** 생 연어보다 탄력은 떨어지는 편이지만 잘 구우면 생 연어 못지 않은 맛과 식감을 지녔다. 보관 기간이 길고 가격이 저렴한 것이 장점. 냉장실에서 해동하거나 지퍼백에 담아 찬물에 담가 해동한다.

1. 드레싱은 재료가 잘 어우러지도록 먼저 섞어둔다.
2. 연어의 앞뒤로 올리브유(2큰술), 소금, 통후추 간 것, 로즈메리를 뿌려 10분간 밑간한다.
   • 냉동 연어 사용시 밑간 시간을 1시간 정도로 늘린다.
3. 채소는 한입 크기로 썬 후 달군 팬에 올리브유(약간)을 두르고 노릇하게 구워 덜어둔다.
   • 17~22쪽의 냉동 토핑 채소를 활용하면 더 간편하게 준비할 수 있다.
4. 팬을 다시 달군 후 올리브유(약간)를 두르고 연어를 올려 앞뒤로 각각 3분씩 노릇하게 굽는다.
5. 그릇에 구운 연어, 구운 채소, 드레싱을 담는다.

2

4

# 넛츠 단호박 범벅 샐러드

온라인 클래스 플랫폼 '클래스101'의 샐러드 수업에서 소개해 정말 많은 사랑을 받았던, 단호박의 달콤한 맛을 제대로 살린 샐러드. 매콤한 요리의 사이드로, 샌드위치 속재료로도 활용 가능해요.

 2인분

 25~30분

 냉장 2~3일

- 단호박 약 1/3개 (또는 고구마)
- 견과류 1/2컵 (50g, 피칸, 호두 등)
- 계핏가루 1작은술
- 소금 약간
- 꿀 1작은술 (또는 원당, 기호에 따라 가감)

1 끓는 물에 견과류를 넣고 살짝 데친 후 흐르는 물에 헹궈 물기를 뺀다.
  - 견과류를 데치면 불순물을 없앨 수 있어 맛이 더 깔끔해진다.
2 중간 불로 달군 팬에 기름 없이 견과류를 넣고 약한 불로 줄여 5~10분 정도 볶은 후 다진다.
  - 센 불에서 볶을 경우 겉은 타고 속은 눅눅해질 수 있으니 주의한다.
  - 150°C로 예열한 에어프라이어에 넣고 17~18분간 구워도 좋다.
3 단호박은 껍질 그대로 씻어 전자레인지에서 3분간 돌려 살짝 익힌다.
4 단호박을 2등분한 후 가운데 씨를 없애고 분량만큼 먹기 좋은 크기로 썬다.
  - 더 부드럽게 먹고 싶다면 껍질을 없애도 좋다.
5 내열용기에 담고 전자레인지에서 6분 정도 완전히 익힌 후 뜨거울 때 으깬다.
6 다진 견과류, 계핏가루, 소금을 넣고 버무린다. 부족한 단맛은 꿀로 더한다.
  - 단호박의 당도에 따라 꿀의 양을 조절해도 좋다.

**🍯 단호박을 고구마로 대체하기**
밤고구마, 호박고구마로 대체해도 좋다. 단, 밤고구마는 단호박과 비슷한 식감이지만 단맛이 부족하니 꿀의 양을 조절하고, 호박고구마는 단맛이 강한 편이나 식감이 많이 부드럽다.

**🍯 단호박 토핑 사용하기**
동량의 단호박 토핑(20쪽)을 해동한 후 사용해도 좋다.

리화쌤의 시그니처 샐러드

# 2.

## 든든한 한 끼가 되는
## 식사 샐러드 (Cold & Warm)

식사로 즐기기에 부족함 없는 든든한 샐러드를 모았습니다.
탄수화물, 단백질, 지방, 채소를 균형 있게 담아내면서도,
샐러드답게 가볍게 즐길 수 있다는 점이 매력이지요.
입맛을 돋우는 콜드 샐러드부터 속을 편안하게 하는 웜 샐러드까지,
사계절 내내 활용할 수 있는 다양한 레시피를 만나보세요.

# 콜드 샐러드 (Cold salad)

대부분의 샐러드는 콜드 샐러드인데요, 특히 차게 즐기면 맛있지요. 재료를 적절히 잘 구성하면 포만감은 물론 영양 균형까지 챙길 수 있어요. 차게 보관해도 맛이 유지되기 때문에 도시락이나 밀프렙용으로도 제격이에요.

## 콜드 샐러드, 왜 좋을까요?

**1**
**준비가 편해요**
불 조리가 없거나 최소로 해서 준비할 수 있어 편해요.

**2**
**냉장 보관이 가능해요**
미리 만들어 냉장 보관했다가 바쁜 날 꺼내 먹을 수 있어요.

**3**
**도시락으로도 완벽해요**
차갑게 먹어도 맛있기 때문에 도시락으로 특히 좋아요.

**4**
**다양한 재료 조합이 가능해요**
곡물, 단백질, 채소, 소스를 다양하게 활용할 수 있어요.

**5**
**더운 날씨에 더욱 잘 어울려요**
차갑게 먹는 한 접시로 몸도 마음도 가볍게 챙길 수 있어요.

**6**
**따뜻한 요리의 곁들임으로 좋아요**
따뜻한 메인 요리의 곁들임으로 즐기기에도 좋아요.

# 웜 샐러드 (Warm salad)

생채소 위주로 구성된 일반 샐러드와 달리, 따뜻한 재료를 포함하거나 전체적으로 따뜻하게 제공되는 샐러드를 말해요. 플레이팅을 할 때는 따뜻하게 먹는 웜 샐러드의 특징을 잘 살려 요리한 팬에 그대로 제공해보세요. 멋스러움뿐만 아니라 요리의 온도도 오래 유지할 수 있답니다.

## 웜 샐러드, 왜 좋을까요?

**1**
**속이 편안해요**
차가운 샐러드보다 소화가 잘되고 속이 편해 부담이 적어요.

**2**
**냉동 토핑을 활용하면 간편해요**
밀프렙 냉동 토핑(16쪽)을 따뜻하게 데워 더하면 쉽게 준비할 수 있어요.

**3**
**재료 활용 범위가 더 넓어요**
구우면 맛있는 가지, 당근, 버섯 등 다양한 채소를 활용할 수 있어요.

**4**
**영양 균형이 좋아요**
단백질 재료, 지방 등을 조리에 활용해 영양 균형과 포만감이 좋아요.

**5**
**추운 계절에도 좋아요**
속을 따뜻하게 해줄 수 있는 건강한 한 끼라서 추운 날씨에 먹어도 어울려요.

Cold salad

## 옛날식 감자 샐러드

찐 감자를 으깬 후 마요네즈, 달걀, 오이, 당근까지 넣어 버무린 어린 시절 추억이 가득 담긴 샐러드. 모닝빵과 함께 먹으면 한 끼 식사로 완벽해요.

 1인분

 20~25분

- 감자 1개(작은 것, 150g)
- 당근 1/20개(10g)
- 오이 1/20개(10g)
- 삶은 달걀 1개(반숙)
- 마요네즈 2큰술(기호에 따라 가감)
- 식초 1작은술
- 소금 약간
- 통후추 간 것 약간
- 파슬리가루 약간

1. 당근, 오이는 얇은 부채꼴 모양으로 썬다. 삶은 달걀은 다진다.
2. 볼에 당근, 오이를 함께 담고 식초, 소금을 넣어 5분간 절인 후 물기를 꼭 짠다.
3. 감자는 껍질을 없앤 후 한입 크기로 작게 썬다.
4. 내열용기에 감자, 물(1큰술), 소금(약간)을 넣고 뚜껑을 덮어 전자레인지에서 5분간 익힌다. 이때, 2~3분 단위로 감자를 고루 섞으면서 젓가락으로 찔렀을 때 쉽게 들어갈 때까지 익힌다.
5. 감자가 뜨거울 때 으깬다.
   - 감자가 뜨거울 때 버터 약간을 더해 함께 으깨면 풍미가 더 진해진다.
6. 볼에 감자, 당근, 오이, 삶은 달걀, 마요네즈, 통후추 간 것을 넣어 섞는다.
7. 소금으로 부족한 간을 더한 후 그릇에 담고 파슬리가루를 뿌린다.

1

5

Cold salad

# 그리스식 콩 샐러드

지중해에서 많이 먹는 병아리콩, 채소, 페타 치즈가 완벽하게 조화를 이룬 샐러드.

 1~2인분

 15~20분

- 병아리콩 토핑 약 1/2컵(80g, 23쪽)
- 렌틸콩 토핑 약 1/4컵(40g, 23쪽)
- 오이 1/5개(40g)
- 방울토마토 4개
- 양파 약 1/20개(10g)
- 블랙올리브 5~6개
- 페타 치즈 2큰술(또는 리코타 치즈)
- 올리브유 약간
- 소금 약간
- 통후추 간 것 약간

**DRESSING**

원하는 드레싱을 선택하세요!
① 갈릭 허브 오일 드레싱 2~3큰술
   (32쪽, 사진 속 드레싱)
② 플레인 땅콩버터 드레싱 2~3큰술(35쪽)
③ 클래식 발사믹 드레싱 2~3큰술(44쪽)

1. 드레싱은 재료가 잘 어우러지도록 먼저 섞어둔다.
2. 병아리콩 토핑, 렌틸콩 토핑은 23쪽을 참고해 준비한다.
3. 오이는 깍뚝 썰고, 방울토마토는 4등분한다.
   양파는 잘게 다지고, 올리브는 슬라이스한다.
   • 오이는 가운데 씨를 없애면 물이 덜 생기고 더 아삭하다.
4. 볼에 ②, ③, 드레싱을 넣고 버무린다.
5. 그릇에 담고 페타 치즈를 부숴 보슬보슬하게 올린다.
6. 올리브유, 소금, 통후추 간 것을 뿌린다.

3

5

든든한 한 끼가 되는 식사 샐러드

Cold salad

든든한 한 끼가 되는 식사 샐러드

## 떠먹는 베지볼 샐러드

냉장고에 있는 자투리 채소들과 슈퍼곡물을 듬뿍 넣어 밥처럼 떠먹는 든든한 샐러드. 콩, 두부 등의 식물성 단백질 재료도 넉넉히 더했어요.

 1~2인분

 15~20분

- 로메인 4장
- 참나물 40g
- 어린잎채소 약간
- 당근 1/20개(10g)
- 버섯 토핑 약 1/3컵(30g, 17쪽)
- 퀴노아 토핑 약 3큰술(30g, 23쪽)
- 조미김 부순 것 약간
- 통깨 간 것 약간

**두부소보로** (총량 약 1/2컵, 80g)
- 두부 80g
- 올리브유 1큰술
- 마늘가루 1/2작은술
  (또는 다진 마늘 1/4작은술)
- 소금 1/4작은술
- 참기름 약간
- 통깨 약간

### DRESSING
원하는 드레싱을 선택하세요!
① 들깨 드레싱 2~3큰술
   (34쪽, 사진 속 드레싱)
② 유자 폰즈 드레싱 2~3큰술(36쪽)
③ 오리엔탈 드레싱 2~3큰술(36쪽)

2

6

1. 드레싱은 재료가 잘 어우러지도록 먼저 섞어둔다.
2. 로메인, 참나물은 한입 크기로 뜯어 찬물에 담가둔다.
   당근은 가늘게 채 썬다. 버섯 토핑은 17쪽을 참고해 준비한다.
3. 퀴노아 토핑은 23쪽을 참고해 준비한다.
4. 두부소보로를 만든다. 두부는 키친타월로 감싸 꼭 짠 후
   물기를 완전히 없애고 볼에 담아 덩어리가 살짝 있도록 손으로 으깬다.
5. 달군 팬에 올리브유를 두르고 두부를 넣어
   수분이 날아가고 노릇해질 때까지 중간 불에서 5~7분간 볶는다.
6. 약한 불로 줄인 후 마늘가루, 소금을 넣고 1분간 볶는다.
   불을 끄고 참기름, 통깨를 넣고 섞는다.
7. 볼에 로메인, 참나물, 버섯, 퀴노아, 두부소보로, 드레싱을 넣고
   버무린 후 그릇에 담는다.
8. 어린잎채소, 당근, 조미김 부순 것, 통깨 간 것을 더한다.

후무스(Hummus)는 중동 지역에서 즐겨 먹는 디핑 소스예요. 병아리콩을 주재료로 레몬즙, 올리브유 등을 넣어 만듭니다.

Cold salad

# 후무스 플레이트 샐러드

후무스에 구운 채소, 치즈, 피타브레드를 곁들여 든든해요.
숟가락으로 떠먹는 지중해 샐러드 한 접시.

든든한 한 끼가 되는 식사 샐러드

 1~2인분

 15~20분

- 후무스 100g
- 가지 1/3개(40g)
- 단호박 40g(씨 제외한 것)
- 파프리카 1/5개(40g)
- 병아리콩 토핑 약 2큰술(20g, 23쪽)
- 페타 치즈 2큰술
- 올리브유 넉넉하게
- 파프리카가루 약간
- 마늘가루 약간(또는 다진 마늘)
- 소금 약간
- 피타브레드 2개(또는 또띠야)

**후무스**
- 병아리콩 토핑 약 1.5컵(200g, 23쪽)
- 통깨 3큰술
- 레몬즙 1큰술
- 올리브유 3큰술
- 마늘가루 1/2작은술
  (또는 다진 마늘 1/4작은술)
- 소금 1/2작은술

1 믹서에 후무스 재료를 넣고 곱게 간다.
  - 큐민, 파프리카가루 등을 더해도 좋다.
2 병아리콩 토핑은 23쪽을 참고해 준비한다.
3 가지, 단호박, 파프리카는 병아리콩과 비슷한 크기로 썬다.
4 피타브레드는 달군 팬에 올려 노릇하게 구운 후 2등분한다.
5 달군 팬에 올리브유를 두르고 가지, 단호박을 넣어
  노릇하게 구운 후 팬의 한쪽으로 밀어둔다.
6 팬의 빈 공간에 올리브유를 두르고 파프리카, 마늘가루, 소금을 넣고
  중간 불에서 1~2분간 볶는다.
7 그릇 가운데에 후무스를 넓게 펼쳐 담고 ⑥의 구운 채소,
  병아리콩, 피타브레드를 올린다.
8 페타 치즈를 부숴 보슬보슬하게 올린 후 올리브유, 파프리카가루를 뿌린다.

**♥ 후무스 보관 & 활용하기**
한번에 넉넉히 만들어두면 냉장 4~5일간 보관 가능하다.
빵에 발라 샌드위치로 활용해도 좋다.

시저 샐러드(Caesar salad)는 멕시코 티후아나에 있는 한 레스토랑의 주방장이었던 시저 카디니(Caesar Cardini)가 남은 재료들을 활용해 즉흥적으로 만든 샐러드에서 유래했어요.

# 치킨 시저 샐러드

**Cold salad**

짭짤하고 고소한 시저 드레싱과 구운 닭가슴살이 어우러진, 전 세계적으로 사랑받는 샐러드. 로메인, 크루통, 파마산 치즈가루가 꼭 들어가는 것이 특징이에요.

든든한 한 끼가 되는 식사 샐러드

 1인분

 15~20분

- 닭가슴살 토핑 1개(100g, 26쪽)
- 로메인 4~5장
- 삶은 달걀 2개
- 방울토마토 4개
- 크루통 약간
- 파마산 치즈가루 약간
- 레몬즙 1작은술
- 파슬리가루 약간
- 통후추 간 것 약간

**DRESSING**

원하는 드레싱을 선택하세요!

① 시저 드레싱 2~3큰술
　(42쪽, 사진 속 드레싱)
② 통깨 간장 드레싱 2~3큰술(36쪽)
③ 요거트 드레싱 2~3큰술(41쪽)

### 🟠 크루통 만들기

59쪽 과정 ②~③을 참고해 만든다. 넉넉하게 만들어 완전히 식힌 후 지퍼백에 담아두면 냉동 1개월 보관 가능하다.

1. 드레싱은 재료가 잘 어우러지도록 먼저 섞어둔다
2. 로메인은 한입 크기로 썰고, 삶은 달걀은 4등분한다.
3. 닭가슴살 토핑은 26쪽을 참고해 준비한 후 한입 크기로 썬다.
4. 볼에 닭가슴살, 로메인, 방울토마토, 크루통, 드레싱을 넣어 버무린 후 그릇에 담는다.
5. 삶은 달걀을 올린 후 파마산 치즈가루, 레몬즙, 파슬리가루, 통후추 간 것을 뿌린다.

3

4

# Cold salad

## 유부주머니 샐러드

유부 속을 닭고기, 두부, 채소로 꽉 채워 한입에 먹기 좋게 만든 핑거푸드 스타일의 샐러드. 간편하게 만들 수 있고 먹기도 편해 도시락으로도 제격이에요.

 1~2인분

 20~25분

- 시판 유부조림 8장(유부초밥용)
- 치킨소보로 토핑 70g(27쪽)
- 두부소보로 80g(79쪽)
- 당근 1/20개(10g)
- 올리브유 1큰술

**브로콜리소보로**
- 브로콜리 약 1/15개(20g)
- 올리브유 1큰술
- 마늘가루 1/2작은술
  (또는 다진 마늘 1/4작은술)
- 소금 1/4작은술
- 후춧가루 약간

**DRESSING**
원하는 드레싱을 선택하세요!
① 통깨 마요 드레싱 1큰술
   (43쪽, 사진 속 드레싱)
② 땅콩버터 간장 드레싱 1큰술(35쪽)
③ 스리라차 마요 드레싱 1~2큰술(42쪽)

1. 드레싱은 재료가 잘 어우러지도록 먼저 섞어둔다.
2. 치킨소보로 토핑은 27쪽, 두부소보로는 79쪽을 참고해 준비한다. 당근, 브로콜리는 작게 다진다.
3. 브로콜리소보로를 만든다. 달군 팬에 올리브유(1큰술)를 두른 후 브로콜리를 넣고 중간 불에서 3분간 볶는다. 약한 불로 줄인 후 마늘가루, 소금, 후춧가루를 넣고 1분간 볶아 덜어둔다.
4. 팬을 다시 달군 후 올리브유(1큰술)를 두르고 당근, 물(1작은술)을 넣어 중간 불에서 1분간 볶는다.
5. 볼에 치킨소보로, 두부소보로, 브로콜리소보로, 당근볶음, 드레싱을 넣고 섞는다.
6. 유부는 물기를 꼭 짠 후 ⑤로 속을 채운다.

86

Cold salad

## 유부 메밀면 샐러드

구수함 가득한 메밀면에 유부, 아삭한 마늘종을 더한
특히 여름철에 추천하는 식사 샐러드.

든든한 한 끼가 되는 식사 샐러드

 1인분
 20~25분

- 메밀면 70g
- 시판 유부조림 8장(유부초밥용)
- 마늘종 3줄
- 당근 1/20개(10g)
- 적양배추 1장(또는 양배추, 20g)
- 삶은 달걀 1/2개
- 김가루 약간
- 통깨 간 것 약간

**DRESSING**
원하는 드레싱을 선택하세요!
① 들기름 김 페스토 드레싱 2~3큰술
  (34쪽, 사진 속 드레싱)
② 들기름 유자 드레싱 2~3큰술 (34쪽)
③ 오리엔탈 드레싱 2~3큰술 (36쪽)

1 드레싱은 재료가 잘 어우러지도록 먼저 섞어둔다.
2 마늘종은 2cm 길이로 썬다. 당근, 적양배추는 가늘게 채 썬다.
3 유부는 물기를 꼭 짠 후 채 썬다.
4 끓는 물에 마늘종을 넣고 20초간 데친다.
  체에 밭쳐 찬물에 헹군 후 그대로 물기를 뺀다.
5 메밀면은 포장지에 적힌 시간대로 삶아 찬물에 헹군 후 물기를 없앤다.
6 볼에 삶은 메밀면, 드레싱을 넣어 버무린 후 그릇에 담는다.
7 유부, 마늘종, 당근, 적양배추, 삶은 달걀을 담고
  김가루, 통깨 간 것을 올린다.

2,3

6

# 콩나물 곤약면 샐러드

곤약면을 활용해 가볍게 즐길 수 있는 한식 스타일의 누들 샐러드.
아삭한 콩나물을 듬뿍 더해 쫄면이 생각나는 맛이에요.

Cold salad

든든한 한 끼가 되는 식사 샐러드

 1인분

 15~20분

- 곤약면 180g
- 콩나물 4줌(200g)
- 당근 1/10개(20g)
- 적양배추 1장(또는 양배추, 20g)
- 어린잎채소 1/2줌(10g)
- 삶은 달걀 1/2개
- 통깨 간 것 약간

**DRESSING**
원하는 드레싱을 선택하세요!
① 고추장 드레싱 3~4큰술
   (38쪽, 사진 속 드레싱)
② 통깨 간장 드레싱 3~4큰술(36쪽)
③ 아시안 칠리 드레싱 3~4큰술(38쪽)

### 더 산뜻하게 즐기기
채 썬 사과나 배를 더하면
시원하고 산뜻하게 즐길 수 있다.

1. 드레싱은 재료가 잘 어우러지도록 먼저 섞어둔다.
2. 곤약면은 포장지에 적힌 시간대로 삶은 후 체에 밭쳐 물기를 뺀다.
3. 끓는 물 + 소금(약간)에 콩나물을 넣고 뚜껑을 연 상태로 2~3분간 삶는다.
4. 체에 밭쳐 찬물에 헹군 후 그대로 물기를 뺀다.
5. 당근, 적양배추는 가늘게 채 썬다.
6. 볼에 곤약면, 콩나물, 드레싱을 넣고 버무려 그릇에 담는다.
7. 당근, 적양배추, 어린잎채소, 삶은 달걀, 통깨 간 것을 올린다.

3

6

Cold salad

든든한 한 끼가 되는 식사 샐러드

# 초간단 토마토 파스타 샐러드

시판 토마토 소스를 활용해 간편하게 만들어 차갑게 즐기는 파스타 샐러드. 피크닉 도시락이나 밀프렙용으로 특히 추천해요.

 1인분

 15~20분

- 숏 파스타 토핑 2/3컵
  (100g, 삶은 후, 24쪽)
- 소시지 50g
- 방울토마토 5개
- 양파 1/20개(10g)
- 블랙올리브 5개
- 시판 토마토 소스 1/2컵(100㎖)
- 파마산 치즈가루 약간
- 바질 약간(또는 바질가루)
- 올리브유 약간
- 원당 약간
- 통후추 간 것 약간

**DRESSING**
원하는 드레싱을 선택하세요!
① 토마토 드레싱 4~5큰술
   (39쪽, 사진 속 드레싱)
② 갈릭 허브 오일 드레싱 4~5큰술(32쪽)
③ 페스토 드레싱 4~5큰술(33쪽)

1 드레싱은 재료가 잘 어우러지도록 먼저 섞어둔다
2 숏 파스타 토핑은 24쪽을 참고해 준비한다.
3 소시지는 칼집을 내고, 방울토마토는 2등분한다.
  올리브는 슬라이스하고, 양파는 잘게 다진다.
4 끓는 물에 소시지를 넣고 30~40초간 데친다.
5 볼에 시판 토마토 소스, 드레싱, 올리브유, 원당을 넣고 섞는다.
6 다른 볼에 파스타, 소시지, 방울토마토, 양파, 올리브,
  ⑤를 넣고 버무린 후 그릇에 담는다.
7 파마산 치즈가루, 바질, 통후추 간 것을 뿌린다.

📍 **시판 토마토 소스 구입하기**
100% 토마토로 만든 포미 또는 디벨라 제품의 퓌레형 소스를 사용한다. 샐러드, 파스타, 수프 등에 다양하게 활용할 수 있는 제품.

Cold salad

든든한 한 끼가 되는 식사 샐러드

# 썸머 타이 누들 샐러드

새콤, 달콤, 매콤함이 특징인 태국 얌운센의 맛을 느낄 수 있는 샐러드. 가볍게, 푸짐하게 한 끼 식사로 충분해요.

 1~2인분

 35~40분

- 버미셀리 70g(불리기 전, 또는 곤약면)
- 냉동 생새우살 6마리
- 치킨소보로 토핑 1/2개(50g, 27쪽)
- 방울토마토 6개
- 양파 1/4개(50g)
- 셀러리 약간
- 당근 약간
- 홍고추 1개
- 고수 약간
- 다진 땅콩 1큰술

**DRESSING**
원하는 드레싱을 선택하세요!
① 타이 스위트 칠리 드레싱 4~6큰술
   (38쪽, 사진 속 드레싱)
② 스파이시 땅콩버터 드레싱 4~5큰술(35쪽)
③ 쏨땀 드레싱 4~5큰술(38쪽)

1 미지근한 물에 버미셀리를 넣고 30분간 불린다.
2 드레싱은 재료가 잘 어우러지도록 섞어둔다.
3 냉동 생새우살은 찬물에 10분간 담가 해동한 후
  등쪽에 칼날을 넣고 2등분한다.
  끓는 물 + 소금(약간)에 넣고 2분간 데친다.
4 치킨소보로 토핑은 27쪽을 참고해 준비한다.
5 방울토마토는 2등분한다. 양파, 셀러리, 당근은 가늘게 채 썬다.
  고수는 한입 크기로 뜯고, 홍고추는 송송 썬다.
6 끓는 물에 버미셀리를 넣고 1분간 삶은 후
  체에 밭쳐 찬물에 헹궈 그대로 물기를 뺀다.
7 볼에 준비한 재료, 드레싱을 넣고 버무려
  그릇에 담고 다진 땅콩을 뿌린다.

**버미셀리**
소면보다 얇은 쌀국수. 얇아서 빠르게 조리할 수 있는 장점이 있다.
대부분 쌀이나 녹두로 만든 것들이다.

## 차돌박이 오이롤 샐러드 레시피 96쪽

# Cold salad

든든한 한 끼가 되는 식사 샐러드

# 차돌박이 오이롤 샐러드

늘 먹는 조합인 밥 + 고기 + 오이를 특별하게 담았어요.
얇고 길게 썬 오이에 고소한 차돌박이를 넣어 돌돌 말고,
동글동글 주먹밥을 곁들여 든든함도 챙긴 핑거푸드 스타일의 샐러드.

 1인분

 25~30분

- 잡곡밥 1/2공기
- 차돌박이 80g
- 오이 1/2개(100g)
- 파프리카 1/4개(50g)
- 부추 7~8줄기(또는 쪽파, 15g)
- 소금 약간
- 통후추 간 것 약간
- 김가루 약간
- 참기름 약간
- 통깨 간 것 약간

**오이 밑간**
- 식초 1큰술
- 원당 약간
- 소금 약간

**DRESSING**
원하는 드레싱을 선택하세요!
① 통깨 간장 드레싱 2~3큰술
   (36쪽, 사진 속 드레싱)
② 들기름 청양고추 드레싱 2~3큰술(34쪽)
③ 스리라차 마요 드레싱 3~4큰술(42쪽)

1. 드레싱은 재료가 잘 어우러지도록 먼저 섞어둔다.
2. 오이는 필러로 길고 얇게 슬라이스한다.
3. 파프리카는 가늘게 채 썰고, 부추도 비슷한 길이로 썬다.
4. 그릇에 오이, 밑간 재료를 넣고 버무려 3분간 둔 후 물기를 닦는다.
5. 달군 팬에 차돌박이를 풀어가며 넣고 소금, 통후추 간 것을 뿌린 후
   중간 불에서 바삭해지지 않도록 살짝만 굽는다.
   키친타월에 올려 기름기를 없앤다.
6. 오이 슬라이스를 펼친 후 차돌박이 → 파프리카 → 부추 순으로
   올려 돌돌 만다.
7. 볼에 잡곡밥, 김가루, 참기름, 통깨 간 것을 넣고 섞은 후 주먹밥을 만든다.
8. 그릇에 ⑥의 오이롤, 주먹밥을 올리고 통깨 간 것을 뿌린다.
   드레싱을 곁들인다.

Cold salad

든든한 한 끼가 되는 식사 샐러드

97

Warm salad

든든한 한 끼가 되는 식사 샐러드

# 버섯 렌틸콩 샐러드

노릇하게 익힌 버섯의 쫄깃한 식감에 다양한 콩, 채소까지 더한 고단백 한 그릇 샐러드.

 1인분

 15~20분

- 버섯 토핑 1/2컵(50g, 17쪽)
- 그린빈 토핑 4~5개(21쪽)
- 렌틸콩 토핑 약 1/4컵(40g, 23쪽)
- 병아리콩 토핑 약 1/3컵(50g, 23쪽)
- 양파 1/20개(10g)
- 방울토마토 6개
- 삶은 달걀 1개
- 어린잎채소 1줌(20g)
- 그라나파다노 치즈 약간
- 소금 약간
- 통후추 간 것 약간

**DRESSING**

원하는 드레싱을 선택하세요!

① 페타 요거트 드레싱 3~4큰술
  (40쪽, 사진 속 드레싱)
② 크리미 블루 치즈 드레싱 3~4큰술(40쪽)
③ 화이트 발사믹 드레싱 3~4큰술(44쪽)

1. 드레싱은 재료가 잘 어우러지도록 먼저 섞어둔다.
2. 렌틸콩 토핑, 병아리콩 토핑은 23쪽을 참고해 준비한다.
3. 버섯 토핑은 17쪽, 그린빈 토핑은 21쪽을 참고해 준비한다.
   양파는 잘게 다지고, 방울토마토는 2등분한다.
4. 볼에 버섯, 그린빈, 렌틸콩, 병아리콩, 양파, 토마토, 드레싱을 넣고 버무린다.
5. 그릇에 담고 삶은 달걀, 어린잎채소를 올린다.
   그라나파다노 치즈, 통후추 간 것을 뿌린다.

Warm salad

든든한 한 끼가 되는 식사 샐러드

## 세모 네모 둥근 샐러드

영화 '리틀 포레스트'의 주인공이 된 듯한 느낌이 드는 샐러드.
알록달록 재료들의 세모, 네모, 둥근 모양을 보는 재미도 가득해요.

 1인분

 20~25분

- 감자 토핑 1/2개(100g, 18쪽)
- 브로콜리 토핑 약 3~4조각(30g, 21쪽)
- 당근 1/4개(50g)
- 삶은 완두콩 1/4컵(40g)
- 그라나파다노 치즈 1큰술
- 올리브유 2큰술
- 마늘가루 1/2작은술
  (또는 다진 마늘 1/4작은술)
- 소금 약간
- 통후추 간 것 약간
- 파슬리가루 약간

**DRESSING**

원하는 드레싱을 선택하세요!

① 이탈리안 드레싱 3~4큰술
   (32쪽, 사진 속 드레싱)
② 갈릭 허브 오일 드레싱 2~3큰술(32쪽)
③ 레몬 오일 드레싱 2~4큰술(32쪽)

1  드레싱은 재료가 잘 어우러지도록 먼저 섞어둔다.
2  감자 토핑은 18쪽, 브로콜리 토핑은 21쪽을 참고해 준비한다.
3  당근은 1cm 두께로 반달 썰기한다.
4  달군 팬에 올리브유를 두르고 당근을 넣어
   중강 불에서 2~3분간 노릇하게 굽는다.
5  ④의 팬에 감자, 브로콜리, 완두콩,
   마늘가루, 소금, 통후추 간 것을 넣고 버무린다.
6  드레싱을 넣고 섞는다.
7  그릇에 담고 그라나파다노 치즈를 필러로 저며 올린 후
   파슬리가루를 뿌린다.
   • 치즈는 따뜻한 재료에 바로 올려야 향이 살아나고 녹으면서 더욱 맛있어진다.

### ♥ 완두콩 삶기

완두콩이 제철인 5월에 삶아 냉동해두면 일 년 내내 사용 가능하다. 완두콩을
끓는 물 + 소금(약간)에 넣고 2~3분간 삶은 후 얼음물에 담가 초록색이 유지되도록
식히고 한 번 먹을 분량씩 담아 냉동한다(냉동 6개월). 냉동 완두콩은
끓는 물에 삶아 해동하면 색이 변하므로 자연해동해서 사용한다.

Warm salad

# 비건 포케 샐러드

고소한 밥에 노릇하게 구운 두부와 채소,
신선한 생채소를 골고루 더한 푸짐하면서도 가벼운 비건 샐러드.

 1인분

 20~25분

- 귀리밥 1/2공기
- 두부 100g
- 버섯 토핑 약 1/2컵(60g, 17쪽)
- 브로콜리 토핑 약 4~5조각(40g, 21쪽)
- 가지 토핑 4조각(22쪽)
- 병아리콩 토핑 약 1큰술(10g, 23쪽)
- 오이 1/5개(40g)
- 토마토 1/4개(40g)
- 다진 양파 1큰술
- 샐러드채소 3줌(60g)
- 올리브유 약간
- 통후추 간 것 약간
- 시판 양파칩 약간(생략 가능)

**DRESSING**
원하는 드레싱을 선택하세요!
① 통깨 간장 드레싱 3~4큰술
    (36쪽, 사진 속 드레싱)
② 들깨 드레싱 3큰술(34쪽)
③ 크리미 땅콩버터 드레싱 2큰술(35쪽)

1. 드레싱은 재료가 잘 어우러지도록 먼저 섞어둔다.
2. 두부는 사방 1.5cm 크기로 썬 후 키친타월에 올려 물기를 없앤다.
3. 버섯 토핑은 17쪽, 브로콜리 토핑은 21쪽, 가지 토핑은 22쪽,
   병아리콩 토핑은 23쪽을 참고해 준비한다.
4. 오이는 한입 크기로 썰고, 토마토는 잘게 다진다.
   양파는 분량만큼 다진다.
5. 팬을 달군 후 올리브유를 두르고 두부를 올려 소금, 통후추 간 것을
   뿌린 후 중강 불에서 굴려가며 4~5분간 노릇하게 굽는다.
6. 그릇에 샐러드채소를 깔고 위에 모든 재료를 둘러가며 담는다.
   드레싱을 곁들인다.

♥ **시판 양파칩 구입하기**
양파를 작게 썰어 튀긴 제품. 온라인에서 프라이드어니언,
어니언플레이크로 검색하거나 이케아에서 구입 가능하다.

Warm salad

## 퀴노아 치킨 샐러드

드레싱의 상큼함에 닭가슴살의 고소함, 단호박의 은근한 달콤함이 잘 어우러진 샐러드.

 1인분

 15~20분

- 퀴노아 토핑 + 귀리 토핑 약 1/3컵 (120g, 23쪽)
- 닭가슴살 토핑 1개(100g, 26쪽)
- 단호박 토핑 50g(20쪽)
- 방울토마토 5개
- 루콜라 1줌(15g)
- 소금 약간
- 통후추 간 것 약간
- 파슬리가루 약간

**DRESSING**
원하는 드레싱을 선택하세요!
① 통깨 마요 드레싱 4~5큰술 (43쪽, 사진 속 드레싱)
② 크림치즈 허니 드레싱 3~4큰술(40쪽)
③ 요거트 드레싱 3~4큰술(41쪽)

1 드레싱은 재료가 잘 어우러지도록 먼저 섞어둔다.
2 퀴노아 토핑, 귀리 토핑은 23쪽을 참고해 준비한다.
3 단호박 토핑은 20쪽을 참고해 준비한다.
4 닭가슴살 토핑은 26쪽을 참고해 준비한 후 한입 크기로 썬다.
5 방울토마토는 2등분한다.
6 볼에 모든 재료를 넣고 드레싱과 버무린 후 그릇에 담는다.

Warm salad

## 구운 양배추 불고기 샐러드

불에 구우면 더욱 달콤해지는 양배추에 한국인의 입맛에 딱 맞는 드레싱과 든든한 쇠고기를 더한 식사 샐러드.

 1인분

 25~30분

- 쇠고기 불고기용 120g
- 양배추 200g (한 덩어리로 썬 상태)
- 다진 양파 1큰술
- 다진 파프리카 2큰술
- 올리브유 1큰술 + 1큰술
- 통후추 간 것 약간
- 홀그레인 머스터드 1/2작은술

**DRESSING**
원하는 드레싱을 선택하세요!
① 씨겨자 간장 드레싱 3~4큰술
　(37쪽, 사진 속 드레싱)
② 오리엔탈 드레싱 3~4큰술 (36쪽)
③ 칠리 갈릭 드레싱 3큰술 (38쪽)

🧡 **쇠고기 불고기용을 다른 재료로 대체하기**
쇠고기 불고기는 동량(120g)의 치킨소보로, 쇠고기소보로, 돼지고기소보로(27쪽)으로 대체해도 좋다.

1. 양배추는 3cm 두께로 큼직하게 썬다. 양파, 파프리카는 분량만큼 다진다.
2. 드레싱은 재료가 잘 어우러지도록 섞은 후 다진 양파, 파프리카와 섞는다.
3. 달군 팬에 올리브유(1큰술), 양배추, 물(2큰술)을 넣고 중간 불에서 4~5분간 그대로 노릇하게 익힌다.
4. 뒤집은 후 속까지 촉촉해지도록 약한 불로 줄여 2~3분간 구운 후 덜어둔다.
5. 팬을 다시 달궈 올리브유(1큰술)를 두르고 쇠고기를 넣어 중간 불에서 4~5분간 풀어가며 볶는다.
6. 그릇에 양배추 → 쇠고기 → 드레싱 순으로 올리고 통후추 간 것, 홀그레인 머스터드를 더한다.

4

Warm salad

든든한 한 끼가 되는 식사 샐러드

## 불고기 포케 샐러드

양념에 재워두는 방식의 불고기가 아닌, 맛있게 구운 쇠고기에 드레싱을 더한 간단 버전. 생채소뿐만 아니라 구운 채소도 더해 따뜻하게 즐기기 좋아요.

 1인분

 20분

- 귀리밥 1/2공기
- 쇠고기 불고기용 100g
- 샐러드채소 약간
- 버섯 토핑 1/2컵 (50g, 17쪽)
- 브로콜리 토핑 약 4~5조각 (40g, 21쪽)
- 단호박 토핑 2조각 (20쪽, 생략 가능)
- 오이 1/4개 (50g, 생략 가능)
- 토마토 1/5개 (30g)
- 채 썬 양파 2큰술
- 올리브유 넉넉하게
- 소금 약간
- 통후추 간 것 약간
- 시판 양파칩 약간 (생략 가능)

**DRESSING**
원하는 드레싱을 선택하세요!
① 오리엔탈 드레싱 2~3큰술 (36쪽, 사진 속 드레싱)
② 유자 드레싱 2~3큰술 (39쪽)
③ 피클 드레싱 2~3큰술 (44쪽)

1. 드레싱은 재료가 잘 어우러지도록 먼저 섞어둔다.
2. 버섯 토핑은 17쪽, 브로콜리 토핑은 21쪽, 단호박 토핑은 20쪽을 참고해 준비한다.
3. 오이는 한입 크기로 썰고, 토마토는 굵게 다진다. 쇠고기는 5cm 길이로 썬 후 키친타월로 감싸 핏물을 없앤다.
4. 달군 팬에 올리브유를 두르고 쇠고기를 넣어 중강 불에서 3분, 양파, 소금, 통후추 간 것을 넣고 고기가 다 익을 때까지 볶은 후 덜어둔다.
5. 그릇에 모든 재료를 담고 드레싱을 조금씩 뿌려가며 먹는다.
   - 시판 마늘칩, 시즈닝 등을 다양하게 더해도 좋다.

**더 간편하게 만들기**
포케의 경우 모든 재료를 다 구비할 필요는 없다. 주재료를 중심으로 하되, 그외 재료는 집에 있는 것으로 준비한다.

불닭 포케 샐러드 레시피 112쪽

# 칠리 쉬림프 포케 샐러드 레시피 114쪽

Warm salad

든든한 한 끼가 되는 식사 샐러드

# 불닭 포케 샐러드

매콤한 불닭에 고구마까지 더해 닭갈비와 채소를 함께 먹는 듯한 느낌을 주는 푸짐한 포케 샐러드.

 1인분

 25~35분

- 불닭 토핑 120g(28쪽)
- 고구마 토핑 70g(19쪽)
- 파프리카 약 1/2개(80g)
- 양파 1/10개(20g)
- 브로콜리 1/10개(30g)
- 로메인 4~5장
- 잘게 썬 토마토 1큰술
- 슈레드 치즈 1큰술
- 통후추 간 것

**DRESSING**

원하는 드레싱을 선택하세요!

① 갈릭 허브 오일 드레싱 2~3큰술
　(32쪽, 사진 속 드레싱)
② 그릭 요거트 드레싱 2~3큰술(41쪽)
③ 통깨 마요 드레싱 2~3큰술(43쪽)

1. 드레싱은 재료가 잘 어우러지도록 먼저 섞어둔다.
2. 불닭 토핑은 28쪽, 고구마 토핑은 19쪽을 참고해 준비한다.
3. 파프리카, 양파는 가늘게 채 썰고, 브로콜리는 한입 크기로 썬다. 로메인은 한입 크기로 뜯는다.
4. 브로콜리는 끓는 물 + 소금(약간)에 넣고 40초~1분 정도 짧게 데친 후 찬물에 헹궈 그대로 물기를 없앤다.
5. 그릇에 모든 재료를 담고 드레싱을 더한다.

Warm salad

든든한 한 끼가 되는 식사 샐러드

113

# 칠리 쉬림프 포케 샐러드

매콤한 칠리 드레싱에 버무린 새우를 더한 인기 만점의 포케 샐러드.
남녀노소 모두가 사랑하는 입에 착 감기는 진한 맛이 특징이에요.

 1인분

 20~25분

- 냉동 생새우살 7마리
- 아보카도 1/2개
- 버섯 토핑 약 1/3컵(30g, 17쪽)
- 그린빈 토핑 4~5개(21쪽)
- 피망 1/6개(20g)
- 오이 약 1/7개(30g)
- 다진 토마토 1큰술
- 다진 양파 1큰술
- 올리브유 2큰술 + 1큰술
- 카이엔페퍼 약간(또는 고운 고춧가루)
- 소금 약간
- 통후추 간 것 약간
- 파슬리가루 약간
- 시판 양파칩 약간

### DRESSING
원하는 드레싱을 선택하세요!
① 칠리 갈릭 드레싱 3~4큰술
　(38쪽, 사진 속 드레싱)
② 레몬 오일 드레싱 2~3큰술(32쪽)
③ 스리라차 마요 드레싱 3~4큰술(42쪽)

### 💛 더 풍성하게 즐기기
단호박 토핑(20쪽), 브로콜리 토핑(21쪽), 슈퍼곡물 토핑(23쪽) 등을 더해 더 풍성하게 즐겨도 좋다.

1　드레싱은 재료가 잘 어우러지도록 먼저 섞어둔다.

2　버섯 토핑은 17쪽, 그린빈 토핑은 21쪽을 참고해 준비한다.
　피망, 오이는 한입 크기로 썰고, 토마토, 양파는 분량만큼 다진다.

3　냉동 생새우살은 찬물에 10분간 담가 해동한 후 소금, 통후추 간 것을 뿌린다.
　• 이쑤시개로 내장을 없애도 좋다.

4　달군 팬에 올리브유(2큰술)를 두르고 새우를 올려
　중약 불에서 앞뒤로 2분씩 구운 후 덜어둔다.
　• 새우를 오래 구우면 식었을 때 질겨질 수 있으므로 주의한다.
　• 새우가 C자 모양으로 되면서 붉은색을 띠면 잘 익은 것이다.

5　달군 팬에 올리브유(1큰술)를 두르고 다진 양파를 넣어
　센 불에서 40초간 볶는다.

6　구운 새우, 드레싱을 넣고 섞는다.

7　아보카도는 과육만 분리한 후 길게 슬라이스한다.
　• 아보카도는 먹기 직전에 손질해야 갈변을 막을 수 있다.

8　그릇에 모든 재료를 담고 카이엔페퍼, 통후추 간 것,
　파슬리가루, 시판 양파칩을 올린다.

Warm salad

든든한 한 끼가 되는 식사 샐러드

115

Warm salad

든든한 한 끼가 되는 식사 샐러드

# 쉬림프 타코 샐러드

프랑스 여행 중 우연히 맛본 튀르키에식 타코식당의 타코 샐러드를 재해석한 메뉴. 또띠야에 샐러드 재료와 차지키 드레싱을 얹으면 근사한 한 끼 식사가 돼요.

  1인분

  20~30분

- 냉동 생새우살 7~8마리
- 슈퍼곡물 토핑 2큰술(23쪽)
- 로메인 4~5장(40g)
- 적양배추 1장(또는 양배추, 20g)
- 다진 토마토 3큰술
- 통조림 옥수수 1큰술
- 또띠야 3장
- 슈레드 치즈 1큰술
- 레몬즙 1큰술
- 올리브유 1큰술
- 소금 약간
- 통후추 간 것 약간
- 파슬리가루 약간

**DRESSING**

원하는 드레싱을 선택하세요!

① 차지키 드레싱 4~5큰술
　(41쪽, 사진 속 드레싱)

② 살사 드레싱 2~3큰술(32쪽)

③ 그릭 요거트 드레싱 2~3큰술(41쪽)

1 드레싱은 재료가 잘 어우러지도록 먼저 섞어둔다.

2 슈퍼곡물 토핑은 23쪽을 참고해 준비한다.

3 로메인, 적양배추는 가늘게 채 썰고, 토마토는 분량만큼 다진다. 또띠야는 4등분한다.

4 냉동 생새우살은 찬물에 10분간 담가 해동한다.

5 달군 팬에 또띠야를 넣고 중간 불에서 앞뒤로 각각 10~20초씩 살짝 굽는다.

- 오래 구우면 수분이 날아가서 금방 딱딱해지므로 데운다는 느낌으로 살짝 굽는다.

6 달군 팬에 올리브유를 두른 후 새우, 파슬리가루, 소금, 통후추 간 것을 넣고 중간 불에서 앞뒤로 각각 1분씩 윤기나게 굽는다.

7 그릇에 새우, 슈퍼곡물, 로메인, 적양배추, 토마토, 옥수수, 슈레드 치즈, 레몬즙을 뿌린다.

8 또띠야를 곁들이고 드레싱을 곁들인다.

Warm salad

# 문어
# 감자 샐러드

살짝 데친 부드러운 자숙 문어와 감자가 어우러진 지중해 스타일의 따뜻한 샐러드. 재료를 익힌 팬에 그대로 플레이팅을 마무리하면 더 스타일리시한 샐러드로 변신해요.

 1인분

 15~20분

- 자숙 문어 80g
- 감자 토핑 1/2개(100g, 18쪽)
- 렌틸콩 토핑 약 2큰술(20g, 23쪽)
- 블랙올리브 10개
- 올리브유 1.5큰술
- 다진 마늘 1/2작은술
- 카이엔페퍼 1/2작은술 + 1/2작은술(또는 고운 고춧가루)
- 레몬즙 1큰술
- 그라나파다노 치즈 약간
- 소금 약간
- 통후추 간 것 약간
- 파슬리가루 약간

**DRESSING**
원하는 드레싱을 선택하세요!
① 레몬 오일 드레싱 2~3큰술(32쪽, 사진 속 드레싱)
② 이탈리안 드레싱 2~3큰술(32쪽)
③ 타르타르 드레싱 3~4큰술(43쪽)

1 드레싱은 재료가 잘 어우러지도록 먼저 섞어둔다.
2 감자 토핑은 18쪽, 렌틸콩 토핑은 23쪽을 참고해 준비한다.
3 문어는 한입 크기로 썬다.
4 달군 팬에 올리브유를 두르고 문어, 다진 마늘, 카이엔페퍼(1/2작은술), 소금, 통후추 간 것을 넣고 센 불에서 1분간 굽듯이 볶는다.
5 감자, 렌틸콩, 올리브, 드레싱을 넣고 섞는다.
6 레몬즙, 그라나파다노 치즈, 카이엔페퍼(1/2작은술), 파슬리가루를 뿌린다.

Warm salad

든든한 한 끼가 되는 식사 샐러드

## 훈제연어 감자 원팬 샐러드

따뜻하게 익힌 감자에 훈제연어를 예쁘게 말아 올린 팬 샐러드. 상큼한 드레싱을 더해 연어와 감자가 잘 어우러지도록 하는 것이 맛내기 포인트예요.

 1~2인분

 15~25분

- 훈제연어 80g
- 감자 토핑 1개 (200g, 18쪽)
- 다진 양파 1큰술
- 케이퍼 약간
- 카이엔페퍼 약간 (또는 고운 고춧가루)
- 딜 1줄 (또는 파슬리, 무순)
- 올리브유 2큰술
- 통후추 간 것 약간

**DRESSING**
원하는 드레싱을 선택하세요!
① 랜치 드레싱 4~5큰술
  (42쪽, 사진 속 드레싱)
② 차지키 드레싱 3~4큰술 (41쪽)
③ 허니 머스터드 드레싱 3~4큰술 (42쪽)

1. 드레싱은 재료가 잘 어우러지도록 먼저 섞어둔다.
2. 훈제연어는 한 장씩 돌돌 만다.
3. 감자 토핑은 18쪽을 참고해 준비한다.
   감자가 따뜻할 때 올리브유, 통후추 간 것을 뿌린다.
4. 돌돌 만 훈제연어를 감자에 올리고
   드레싱, 다진 양파, 케이퍼를 올린다.
5. 카이엔페퍼, 딜을 올린다.

Warm salad

## 훈제오리 시금치 원팬 샐러드

나물 반찬으로만 먹던 시금치를 살짝 볶아 훈제오리, 유부와 함께 즐기는 달큰하고 든든한 팬 샐러드. 은은한 단맛과 고소함이 어우러져 아주 맛있어요.

든든한 한 끼가 되는 식사 샐러드

 1인분
 20~25분

- 훈제오리 150g
- 시금치 70g
- 당근 약간
- 시판 유부조림 8장 (유부초밥용)
- 퀴노아 토핑 약 3큰술 (30g, 23쪽)
- 통깨 간 것 1큰술
- 올리브유 1큰술

**DRESSING**
원하는 드레싱을 선택하세요!
① 허니 홀그레인 머스터드 드레싱 6~7큰술 (33쪽, 사진 속 드레싱)
② 유자 폰즈 드레싱 5~6큰술 (36쪽)
③ 화이트 발사믹 드레싱 5~6큰술 (44쪽)

1. 드레싱은 재료가 잘 어우러지도록 먼저 섞어둔다.
2. 시금치는 4~5cm 길이로 썰고, 당근은 가늘게 채 썬다. 유부는 물기를 꼭 짠 후 채 썬다.
3. 퀴노아 토핑은 23쪽을 참고해 준비한다.
4. 끓는 물에 훈제오리를 넣고 20초간 데친 후 체에 밭쳐 물기를 뺀다.
   - 훈제오리를 끓는 물에 한번 데치면 불순물, 첨가물을 없앨 수 있어서 더 건강하게 즐길 수 있다.
5. 달군 팬에 훈제오리를 넣고 중간 불에서 1분간 노릇하게 구운 후 덜어둔다.
6. 팬을 다시 달궈 올리브유를 두르고 당근을 넣어 중간 불에서 1분, 시금치를 넣고 1분간 숨이 죽을 정도만 볶는다.
7. 볼에 훈제오리, 시금치, 당근, 유부, 드레싱을 넣어 버무린 후 퀴노아, 통깨 간 것을 뿌린다. 드레싱을 곁들인다.

**시금치 데쳐서 넣기**
이 레시피의 시금치는 많은 양이 아니기 때문에 바로 볶아서 요리해도 된다.
단, 신장병이나 장질환이 있어 시금치의 옥살산 성분을 피해야 한다면 끓는 물에 소금 1/2작은술을 넣고 30초간 데친 후 레시피대로 볶는다.

Warm salad

## 토마토 바질 페스토 원팬 샐러드

익히면 단맛과 감칠맛이 더 진해지는 토마토에 페스토 드레싱을 곁들인 근사한 샐러드.

 1인분

 20~25분

- 방울토마토 8개
- 병아리콩 토핑 약 1큰술(10g, 23쪽)
- 감자 토핑 약 1/2개(80g, 18쪽)
- 가지 토핑 3~4조각(22쪽)
- 주키니호박 약 1/4개(80g)
- 루콜라 약간
- 다진 견과류 1큰술
- 올리브유 2큰술
- 마늘가루 1작은술
  (또는 다진 마늘 1/2작은술)
- 그라나파다노 치즈 간 것 약간
- 소금 약간
- 통후추 간 것 약간

**DRESSING**
원하는 드레싱을 선택하세요!
① 페스토 드레싱 3~4큰술
　(33쪽, 사진 속 드레싱)
② 오리엔탈 드레싱 3~4큰술(36쪽)
③ 화이트 발사믹 드레싱 3~4술(44쪽)

2,3

5

1. 드레싱은 재료가 잘 어우러지도록 먼저 섞어둔다.
2. 감자 토핑은 18쪽, 가지 토핑은 22쪽, 병아리콩 토핑은 23쪽을 참고해 준비한다.
3. 주키니호박은 길이로 2등분한 후 0.5cm 두께로 어슷 썬다.
4. 달군 팬에 올리브유를 두르고 주키니호박, 마늘가루, 소금, 통후추 간 것을 넣어 노릇하게 3~5분간 볶은 후 방울토마토를 넣고 1분간 볶는다.
5. 팬에 병아리콩, 감자, 가지, 드레싱을 넣고 버무린다.
6. 루콜라, 견과류, 그라나파다노 치즈 간 것, 통후추 간 것을 올린다.

Warm salad

든든한 한 끼가 되는 식사 샐러드

## 통들깨 파스타 샐러드

톡톡 터지는 통들깨의 식감과 고소함이 매력적인 샐러드.
파스타를 더해 탄수화물도 든든히 챙길 수 있어요.

 1인분

 15~25분

- 숏 파스타 토핑 2/3컵
  (100g, 삶은 후, 24쪽)
- 깻잎 5장
- 렌틸콩 토핑 약 2큰술(20g, 23쪽)
- 브로콜리 토핑 약 6~7조각(60g, 21쪽)
- 버섯 토핑 1/2컵(50g, 17쪽)
- 통들깨 1작은술
- 올리브유 1큰술
- 통후추 간 것 약간

**DRESSING**
원하는 드레싱을 선택하세요!
① 들깨 드레싱 4~5큰술
  (34쪽, 사진 속 드레싱)
② 오리엔탈 드레싱 4~5큰술(36쪽)
③ 통깨 간장 드레싱 3~4큰술(36쪽)

### 통들깨
통들깨는 껍질을 벗기지 않은 겉껍질이 그대로 남아있는 상태의 들깨이다.
식이섬유, 오메가3가 풍부하나 껍질이 소화가 잘 안될 수 있으니 꼭꼭 씹어먹어야 한다.

1 드레싱은 재료가 잘 어우러지도록 먼저 섞어둔다.
2 깻잎은 가늘게 채 썬다.
3 숏 파스타 토핑은 24쪽, 렌틸콩 토핑은 23쪽, 브로콜리 토핑은 21쪽, 버섯 토핑은 17쪽을 참고해 준비한다.
4 달군 팬에 올리브유, 파스타, 렌틸콩, 브로콜리, 버섯, 드레싱을 넣어 버무린다.
5 그릇에 담고 깻잎, 통들깨를 올린 후 통후추 간 것을 뿌린다.

Warm salad

## 알리오 올리오 파스타 샐러드

갈릭 허브 오일 드레싱 하나로 완성되는, 심플하면서도 깊은 맛이 매력적인 알리오 올리오 스타일의 파스타 샐러드.

 1인분

 15~25분

- 숏 파스타 토핑 2/3컵 (100g, 삶은 후, 24쪽)
- 그린빈 토핑 5개(21쪽)
- 루콜라 1줌(15g)
- 크러시드페퍼 약간(생략 가능)
- 방울토마토 5개
- 통후추 간 것 약간
- 그라나파다노 치즈 간 것 약간

**DRESSING**
원하는 드레싱을 선택하세요!
① 갈릭 허브 오일 드레싱 4큰술 (32쪽, 사진 속 드레싱)
② 페스토 드레싱 3~4큰술(33쪽)
③ 파마산 치즈 드레싱 3~4큰술(40쪽)

1 드레싱은 재료가 잘 어우러지도록 먼저 섞어둔다.
2 숏 파스타 토핑은 24쪽, 그린빈 토핑은 21쪽을 참고해 준비한다.
3 방울토마토는 2등분한다.
4 볼에 숏 파스타, 그린빈, 방울토마토, 드레싱을 넣고 섞는다.
5 그릇에 담은 후 루콜라, 크러시드페퍼, 통후추 간 것, 그라나파다노 치즈 간 것을 뿌린다.

# 3.

## 한식 밥상에 잘 어울리는 반찬 샐러드

밥상에 올려 밥과 함께 먹어도 어색하지 않고
잘 어울리는 반찬 스타일의 샐러드를 모았습니다.
새로운 맛과 스타일의 반찬을 원할 때,
보다 건강한 맛의 반찬을 준비하고 싶을 때,
메인 반찬은 있는데 다른 곁들임이 부족할 때,
활용하기 제격인 반찬 샐러드랍니다.

# 사과 당근 요거트 샐러드

입맛을 상쾌하게 살려주는 사과에 아삭한 당근,
고소한 견과류를 더한 가벼운 무침 스타일의 샐러드.

 1~2인분

 10~15분

- 사과 1개(작은 것, 150g)
- 당근 약 1/7개(30g)
- 견과류 1/2큰술 + 1/2큰술
- 건 크랜베리 4큰술(30g)
- 레몬즙 1작은술
- 파슬리가루 약간
- 통후추 간 것 약간

**DRESSING**
원하는 드레싱을 선택하세요!
① 요거트 드레싱 3~5큰술
   (41쪽, 사진 속 드레싱)
② 크리미 땅콩버터 드레싱 3~5큰술(35쪽)
③ 화이트 발사믹 드레싱 3~5큰술(44쪽)

1. 드레싱은 재료가 잘 어우러지도록 먼저 섞어둔다.
2. 사과는 깨끗이 씻은 후 껍질째 가늘게 채 썬다.
   볼에 사과, 레몬즙을 넣고 버무려 색이 변하는 것을 막는다.
3. 당근은 가늘게 채 썬다. 견과류, 건 크랜베리는 잘게 다진다.
4. 볼에 사과, 당근, 견과류(1/2큰술), 건 크랜베리, 드레싱을 넣고
   버무린 후 그릇에 담는다.
5. 견과류(1/2큰술), 파슬리가루, 통후추 간 것을 뿌린다.

# 사각사각
# 울산배 샐러드

아삭한 식감과 풍부한 수분을 가진 울산배는 요리에 더했을 때 더 빛이 발하는 재료. 과일 베이스의 드레싱을 더하면 은근한 단맛의 반찬으로 재탄생돼요.

 2인분

 10~15분

- 배 1개(울산배, 500g)
- 래디시 2개
- 아몬드 1큰술(또는 캐슈너트, 잣)

**DRESSING**
원하는 드레싱을 선택하세요!
① 유자 드레싱 2큰술(39쪽, 사진 속 드레싱)
② 레몬 드레싱 2~3큰술(39쪽)
③ 화이트 발사믹 드레싱 3~4큰술(44쪽)

### 💡 다른 과일로 대체하기
배는 동량(500g)의 참외, 단감, 복숭아와 같이 수분이 많고 아삭한 과일로 대체해도 좋다.

1 드레싱은 재료가 잘 어우러지도록 먼저 섞어둔다.
2 배는 껍질을 벗기고 사방 1.5cm 크기로 썬다.
3 물 + 레몬즙(약간)에 배를 넣고 30~40초 정도 담갔다가 건진다.
  • 배를 레몬물에 담가두면 색이 변하는 것을 방지할 수 있고, 더욱 아삭하게 만들어준다.
4 래디시는 동그란 모양을 살려 얇게 썬다. 아몬드는 굵게 다진다.
5 그릇에 배, 래디시를 담고 드레싱을 끼얹은 후 아몬드를 뿌린다.

2, 4

5

## 오이 탕탕이 통깨 샐러드

새콤한 식초와 고소한 드레싱의 궁합이 좋은 오이무침 스타일의 샐러드. 오이는 칼로 써는 것보다 칼날로 '탕탕' 쳐서 으깨야 드레싱도 잘 스며들고 색다른 느낌이 더해져요.

 **2~3인분**

 **10~15분**

 **냉장 3~4일**

- 오이 1개(200g)
- 당근 1/10개(20g)
- 쪽파 약 3줄기(20g)
- 통깨 간 것 1큰술

### DRESSING
원하는 드레싱을 선택하세요!
① 통깨 간장 드레싱 3~5큰술(36쪽, 사진 속 드레싱)
② 들기름 청양고추 드레싱 3~5큰술(34쪽)
③ 유자 폰즈 드레싱 3~5큰술(36쪽)

1. 드레싱은 재료가 잘 어우러지도록 먼저 섞어둔다.
2. 오이는 5cm 길이로 썬 후 길게 2등분한다.
3. 오이에 칼날을 올린 후 힘주어 탕탕 두드린다.
4. 당근은 가늘게 채 썰고, 쪽파는 송송 썬다.
5. 볼에 오이, 당근, 쪽파, 드레싱을 넣고 살살 버무린다. 그릇에 담고 통깨 간 것을 뿌린다.

# 브로콜리 견과 샐러드

살짝 데쳐 초고추장에 찍어만 먹던 브로콜리의 변신.
뽀글뽀글한 브로콜리의 송이 사이로 진한 드레싱이 스며들어
더욱 맛있는 반찬 샐러드.

---

 1인분

 10~15분

- 브로콜리 1/3개(100g)
- 견과류 2큰술

### DRESSING
원하는 드레싱을 선택하세요!
① 크리미 땅콩버터 드레싱 3~5큰술(35쪽, 사진 속 드레싱)
② 고추장 드레싱 3~5큰술(38쪽)
③ 통깨 마요 드레싱 3~5큰술(43쪽)

---

**🟠 브로콜리 토핑 사용하기**
동량의 브로콜리 토핑(21쪽)을 해동한 후 달군 팬에 올리브유를 두르고 노릇하게 구운 다음 사용해도 좋다.

1 드레싱은 재료가 잘 어우러지도록 먼저 섞어둔다.
2 브로콜리는 한입 크기로 썬다. 견과류는 다진다.
3 끓는 물 + 소금(약간)에 브로콜리를 넣고 40초간 데친다.
4 찬물에 헹군 후 체에 밭쳐 물기를 완전히 뺀다.
5 볼에 브로콜리, 드레싱을 넣고 살살 무친다.
6 그릇에 담고 견과류를 뿌린다.

2

3

# 아삭
# 무 샐러드

요리에 사용하고 나면 꼭 애매하게 남는 무. 매번 먹는 평범한 반찬 대신 비트와 함께 절여 만든 매력만점 반찬 샐러드. 피클이나 단무지처럼, 또는 김밥의 속재료, 샐러드 토핑으로 활용하기 좋아요.

 6~8회분

 10~15분(+ 절이기 15분)

 냉장 1주일

- 무 1/4개(400g)
- 비트 1/2개(200g)
- 식초 1큰술
- 원당 1/2작은술
- 소금 약간

**DRESSING**
원하는 드레싱을 선택하세요!
① 화이트 발사믹 드레싱 2~3큰술(44쪽, 사진 속 드레싱)
② 피클 드레싱 2~3큰술(44쪽)

1 드레싱은 재료가 잘 어우러지도록 먼저 섞어둔다.
2 무는 껍질을 벗기고 동그란 모양을 살려 0.3cm 두께로 얇게 썬 후 다시 반달 모양으로 썬다. 비트도 같은 모양으로 썬다.
3 볼에 무, 비트, 식초, 원당, 소금을 넣고 버무려 15분간 절인 후 물기를 꼭 짠다.
4 볼에 절인 무, 비트, 드레싱을 넣고 무친다.
 • 견과류를 뿌리면 식감을 더할 수 있다.

# 양배추 김 샐러드

절인 양배추를 김과 함께 버무려 완성한 짭조름한 반찬 샐러드.
양배추를 절이면 알싸한 맛이 줄고, 조직도 훨씬 부드러워져요.
라이스페이퍼나 식빵에 더해도 어울려요.

 2~3인분

 15~20분

 냉장 3~4일

- 양배추 약 7장(손바닥 크기, 200g)
- 구운 김 1~2장(3g)
- 당근 1/4개(50g)
- 소금 1/2작은술
- 통후추 간 것 약간

### DRESSING

원하는 드레싱을 선택하세요!
① 통깨 간장 드레싱 3~4큰술(36쪽, 사진 속 드레싱)
② 들깨 드레싱 2~3큰술(34쪽)
③ 생강 간장 드레싱 2~3큰술(36쪽)

1. 드레싱은 재료가 잘 어우러지도록 먼저 섞어둔다.
2. 양배추, 당근은 가늘게 채 썬다.
3. 체에 밭쳐 흐르는 물에 헹군 후 그대로 물기를 뺀다.
4. 볼에 양배추, 소금을 넣고 버무려 5분간 절인 후 손으로 물기를 꼭 짠다.
5. 볼에 양배추, 당근을 넣고 김을 부숴 더한다.
   드레싱, 통후추 간 것을 넣고 살살 버무린다.

- 크러시드페퍼를 더해 매콤하게 즐겨도 좋다.
- 김은 먹기 직전에 더해야 눅눅해지지 않는다.

# 아삭이고추 들깨 마요 샐러드

쌈장에 찍어 먹거나 된장, 고추장 양념에만 버무렸던 아삭이고추. 고소한 드레싱과 만나면 훨씬 더 이국적이면서도 색다른 반찬 샐러드로 만들어져요.

 3~4인분

 10~15분

- 아삭이고추 6개(또는 오이고추, 180g)
- 방울토마토 10개(150g)
- 양파 1/4개(50g)
- 들깻가루 약간(생략 가능)

**DRESSING**
원하는 드레싱을 선택하세요!
① 들깨 마요 드레싱 3~4큰술(43쪽, 사진 속 드레싱)
② 땅콩버터 간장 드레싱 2~3큰술(35쪽)
③ 고추장 드레싱 2~3큰술(38쪽)

1. 드레싱은 재료가 잘 어우러지도록 먼저 섞어둔다.
2. 아삭이고추는 1cm 두께로 썰고, 방울토마토는 2등분한다. 양파는 가늘게 채 썬다.
3. 양파는 찬물에 5분간 담가 매운맛을 없앤 후 체에 밭쳐 물기를 완전히 뺀다.
4. 볼에 아삭이고추, 방울토마토, 양파, 드레싱을 넣고 섞은 후 들깻가루를 뿌린다.

# 무말랭이 치커리 샐러드

대표 밥반찬 무말랭이무침보다 더 맛있는 무말랭이 반찬 샐러드. 오독오독 식감과 가벼운 질감이 매력 포인트. 그대로 샐러드로, 반찬으로, 다른 샐러드 토핑으로도 추천해요.

 1인분

 20~25분

- 무말랭이 10~15g(불리기 전, 불린 후 100g)
- 치커리 4~5장
- 채 썬 양파 2큰술
- 다진 파 1큰술
- 통깨 간 것 약간

### DRESSING
원하는 드레싱을 선택하세요!
① 오리엔탈 드레싱 2~3큰술(36쪽, 사진 속 드레싱)
② 생강 간장 드레싱 3~4큰술(36쪽)
③ 통깨 간장 드레싱 3~4큰술(36쪽)

1. 드레싱은 재료가 잘 어우러지도록 먼저 섞어둔다.
2. 무말랭이는 미지근한 물에 15분간 담가 불린 후 물기를 꼭 짠다.
3. 치커리는 4cm 길이로 썰고, 양파는 분량만큼 가늘게 채 썬다.
4. 양파는 찬물에 5분간 담가 매운맛을 없앤 후 체에 밭쳐 물기를 완전히 뺀다.
5. 볼에 무말랭이, 치커리, 양파, 다진 파, 드레싱을 넣어 버무린다.
6. 그릇에 담고 통깨 간 것을 뿌린다.

2,3

5

# 마늘종 피클 샐러드

아삭하게 데친 마늘종을 장아찌 대신 피클로 만들어 가볍게 즐길 수 있는 산뜻한 반찬 샐러드. 고기 요리와 특히 잘 어울리는 맛.

 7~8회분

 10~15분(+ 숙성시키기 1일)

 냉장 1주일

- 마늘종 약 15줄기(150g)
- 홍고추 2개

**DRESSING**
- 피클 간장 드레싱 1/4컵(50㎖, 37쪽, 사진 속 드레싱)

1 드레싱은 재료가 잘 어우러지도록 먼저 섞어둔다.
2 홍고추는 송송 썬다.
3 마늘종은 7cm 길이로 썬 후 열십(+) 자로 길게 썬다.
4 끓는 물에 마늘종을 넣고 30초간 데친 후 찬물에 담가 식히고 체에 밭쳐 물기를 뺀다.
5 내열용기에 마늘종, 홍고추, 드레싱을 붓고 냉장실에서 1일간 숙성시킨 후 먹는다.

# 묵은지 참치무침 샐러드

새콤하고 오독한 식감의 묵은지와 고소한 통조림 참치의 환상궁합. 이것만 샐러드로 즐겨도 좋지만, 밥과 함께 먹으면 더 맛있는 인기만점 반찬 샐러드.

 1~2인분

 10~15분

- 묵은지 약 1/2컵(80g)
- 통조림 참치 80g
- 쪽파 2줄기
- 통후추 간 것 약간
- 참기름 1작은술
- 통깨 간 것 약간

### DRESSING
원하는 드레싱을 선택하세요!
① 통깨 마요 드레싱 2~3큰술(43쪽, 사진 속 드레싱)
② 들깨 드레싱 1~2큰술(34쪽)
③ 통깨 간장 드레싱 1~2큰술(36쪽)

1 드레싱은 재료가 잘 어우러지도록 먼저 섞어둔다.
2 참치는 체에 밭쳐 기름기를 빼고, 쪽파는 송송 썬다.
  묵은지는 가늘게 채 썬 후 흐르는 물에 씻고 물기를 꼭 짠다.
3 볼에 묵은지, 참치, 쪽파, 통후추 간 것, 드레싱을 넣고 무친다.
4 그릇에 담고 참기름, 통깨 간 것을 더한다.
   • 드레싱을 생략하고 참기름, 통깨 간 것만 더해도 맛있다.

# 아보카도 비빔 샐러드

양질의 식물성 지방과 식이섬유가 가득한 아보카도는 브런치의 재료로 많이 쓰이지만 드레싱에 따라 반찬 샐러드로도 손색이 없는 재료. 밥에 올려 비빔밥으로, 김에 싸서 반찬으로 즐기세요.

 2~3인분

 15~20분

- 아보카도 1개
- 퀴노아 토핑 약 3~4큰술(40g) + 약간(23쪽)
- 다진 양파 3큰술
- 다진 견과류 2작은술
- 검은깨 약간(또는 통깨)

### DRESSING
- 고추장 드레싱 3~5큰술(38쪽, 사진 속 드레싱)

**더 풍성하게 즐기기**

에브리띵 베이글 시즈닝 제품을 더해도 더 풍성하게 즐겨도 좋다. 검은깨, 통깨, 소금 등이 합쳐진 양념으로 샐러드에 더하면 감칠맛이 살아나며, 달걀프라이나 아보카도에 뿌려서 활용하기에도 제격이다.

1. 드레싱은 재료가 잘 어우러지도록 먼저 섞어둔다.
2. 퀴노아 토핑은 23쪽을 참고해 준비한다.
3. 아보카도는 과육만 분리한 후 한입 크기로 썬다. 양파, 견과류는 분량만큼 다진다.
4. 볼에 아보카도, 퀴노아(3큰술), 양파, 견과류, 드레싱을 넣고 버무린다.
5. 그릇에 담고 퀴노아(약간), 검은깨를 뿌린다.

2, 3

4

# 가지구이 쯔유 샐러드

여름이면 잊지 않고 챙기는 제철 재료, 가지. 노릇하게 구워 드레싱에 푹 담가 저장해두면 더운 날 먹기 딱 좋은 저장 반찬 샐러드가 돼요. 메밀면이나 우동면에 더해 먹어도 잘 어울려요.

 1~2인분

 20~25분(+ 숙성시키기 6시간)

- 가지 1개(150g)
- 다진 파프리카 2큰술(주황, 노랑)
- 다진 파 2큰술
- 올리브유 1큰술
- 소금 약간

### DRESSING
원하는 드레싱을 선택하세요!
① 쯔유 드레싱 3~4큰술(37쪽, 사진 속 드레싱)
② 유자 폰즈 드레싱 3~4큰술(36쪽)

1. 파프리카, 파는 분량만큼 다진다.
2. 드레싱은 재료가 잘 어우러지도록 섞은 후 다진 파프리카, 다진 파를 섞는다.
3. 가지는 1cm 두께로 어슷 썬 후 소금을 뿌려 5분간 절인다.
   키친타월로 살살 눌러 물기를 없앤다.
4. 달군 팬에 올리브유를 두르고 가지를 올려
   중간 불에서 앞뒤로 뒤집어가며 노릇하게 굽는다.
   • 그릴 팬에 구워도 좋다.
5. 밀폐용기에 가지, ②를 넣고 냉장실에서 6시간 숙성시킨 후 먹는다.

## 쇠고기소보로 오이볶음 샐러드

어린 시절 엄마가 만들어줬던 추억이 담긴 반찬, 오이볶음. 오이와 쇠고기를 함께 볶아 오이 특유의 향을 감춘 덕분에 오이 편식쟁이도 사랑하는 반찬 샐러드.

 1~2인분

 15~20분

- 오이 1개(200g)
- 쇠고기소보로 토핑 3큰술(27쪽)
- 다진 마늘 1작은술
- 소금 1/2작은술
- 참기름 1작은술
- 통깨 간 것 1작은술

**DRESSING**
원하는 드레싱을 선택하세요!
① 통깨 간장 드레싱 1~2큰술
   (36쪽, 사진 속 드레싱)
② 플레인 땅콩버터 드레싱 1~2큰술(35쪽)
③ 오리엔탈 드레싱 1~2큰술(36쪽)

### 💡 오이 손질하기
오이의 껍질을 필러로 듬성듬성 벗겨낸 후 썰면 소금 간도 잘 배고, 모양도 더 예쁘게 만들 수 있다.

1. 드레싱은 재료가 잘 어우러지도록 먼저 섞어둔다.
2. 오이는 동그란 모양을 살려 0.5cm 두께로 썬다.
3. 볼에 오이, 소금을 넣고 5분간 절인 후 물기를 꼭 짠다.
4. 쇠고기소보로 토핑은 27쪽을 참고해 준비한다.
5. 달군 팬에 오이, 다진 마늘, 참기름을 넣고 중간 불에서 1분간 볶은 후 불을 끈다.
6. 쇠고기소보로, 드레싱을 넣고 버무린 후 통깨 간 것을 뿌린다.

# 우엉 당근볶음 통깨 샐러드

일본에서 정말 맛있게 먹었던 우엉 당근볶음을 샐러드 버전으로 만들었어요. 한식 조림과는 또 다른 매력이 있고 반찬으로 먹기에도 안성맞춤이에요. 가볍게 익혀서 즐기는 것이 포인트.

 1~2인분

 20~25분(+ 물에 우엉 담가두기 20분)

- 우엉 100g (지름 2cm, 길이 10cm 5토막)
- 당근 1/4개(50g)
- 올리브유 2큰술
- 통깨 간 것 약간
- 소금 약간
- 통후추 간 것 약간

**DRESSING**
원하는 드레싱을 선택하세요!
① 통깨 간장 드레싱 2~3큰술 (36쪽, 사진 속 드레싱)
② 들깨 드레싱 2~3큰술(34쪽)
③ 땅콩버터 간장 드레싱 1~2큰술(35쪽)

1 드레싱은 재료가 잘 어우러지도록 먼저 섞어둔다.
2 우엉, 당근은 껍질을 벗긴 후 최대한 가늘게 채 썬다.
   • 우엉은 필러로 길고 얇게 슬라이스해도 좋다.
3 볼에 우엉, 잠길 만큼의 물을 담고 20분간 둔 후 물기를 없앤다.
   • 우엉을 물에 담가두면 색이 변하는 것을 막을 수 있다.
4 달군 팬에 올리브유, 물(2큰술)을 두르고 우엉을 넣어 중간 불에서 1분간 볶는다.
5 당근을 넣고 1분간 더 볶은 후 소금, 통후추 간 것을 섞고 불을 끈다.
6 드레싱을 넣고 섞은 후 통깨 간 것을 뿌린다.

# 연근 파프리카 견과류 샐러드

연근을 조리거나 마요네즈 소스에 버무리는 대신 아삭한 식감은 최대한 살리고 파프리카와 상큼한 드레싱을 곁들여 만든 반찬 샐러드.

 2~3인분

 15~20분

 냉장 3~4일

- 연근 100g
- 파프리카 1/5개(주황, 노랑, 40g)
- 견과류 1큰술
- 파슬리가루 약간

### DRESSING
원하는 드레싱을 선택하세요!
① 오렌지 드레싱 3~4큰술(39쪽, 사진 속 드레싱)
② 땅콩버터 간장 드레싱 3~4큰술(35쪽)
③ 유자 폰즈 드레싱 2~3큰술(36쪽)

1. 드레싱은 재료가 잘 어우러지도록 먼저 섞어둔다.
2. 파프리카는 채 썰고, 견과류는 굵게 다진다.
3. 연근은 껍질을 벗긴 후 모양 그대로 1cm 두께로 썬다.
4. 끓는 물 + 소금(약간)에 연근을 넣고 1분간 데친 후 찬물에 담갔다가 체에 밭쳐 물기를 완전히 뺀다.
   - 연근은 오래 데치면 식감이 물러지므로 1분 내로 데치는 것이 좋다.
5. 그릇에 연근, 파프리카를 담고 드레싱을 담는다.
6. 견과류, 파슬리가루를 뿌린다.

# 버섯 김 들깨 샐러드

샐러드처럼 담아낸 볶은 버섯에 김과 들깨를 마지막에 올려 고소한 풍미가 가득한 반찬 샐러드.

 1~2인분

 15~20분

- 모둠 버섯 100g
- 쪽파 2줄기(15g)
- 파프리카 약 2/3개(120g)
- 조미김 부순 것 약간
- 들깻가루 1/2큰술
- 올리브유 약간
- 소금 약간
- 통후추 간 것 약간

**DRESSING**
원하는 드레싱을 선택하세요!
① 통깨 간장 드레싱 2~3큰술
  (36쪽, 사진 속 드레싱)
② 들깨 드레싱 2~3큰술(34쪽)
③ 오리엔탈 드레싱 2~3큰술(36쪽)

1. 드레싱은 재료가 잘 어우러지도록 먼저 섞어둔다.
2. 모둠 버섯은 한입 크기로 썰거나 가닥가닥 떼어낸다. 쪽파는 3cm 길이로 썬다.
3. 파프리카는 4cm 길이로 썬다.
4. 달군 팬에 올리브유를 두르고 버섯, 들깻가루, 소금, 통후추 간 것을 넣어 센 불에서 3분간 볶은 후 불을 끈다.
5. 쪽파, 파프리카, 조미김, 드레싱을 넣고 섞는다.

## 구운 두부 참나물 샐러드 레시피 166쪽

## 닭안심 부추 샐러드 레시피 168쪽

한식 밥상에 잘 어울리는 반찬 샐러드

# 구운 두부 참나물 샐러드

한정식 집에서 만날 수 있는 플레이팅이 돋보이는 메뉴. 구운 두부와 향긋한 참나물에 통깨 간장 드레싱을 곁들인 건강한 반찬 샐러드.

 1~2인분

 20~25분

- 두부 80g
- 참나물 40g(또는 깻잎, 미나리)
- 양파 1/20개(10g)
- 당근 1/20개(10g)
- 통깨 간 것 약간
- 올리브유 약간
- 소금 약간
- 통후추 간 것 약간

### DRESSING

원하는 드레싱을 선택하세요!
① 통깨 간장 드레싱 2~3큰술(36쪽, 사진 속 드레싱)
② 땅콩버터 간장 드레싱 1.5~2큰술(35쪽)
③ 유자 폰즈 드레싱 2~3큰술(36쪽)

1. 드레싱은 재료가 잘 어우러지도록 먼저 섞어둔다.
2. 참나물은 1cm 길이로 썰고 양파, 당근은 잘게 다진다.
3. 두부는 2cm 두께로 큼직하게 썬 후 키친타월에 올려 소금, 통후추 간 것을 뿌린다.
4. 달군 팬에 올리브유를 두르고 두부를 넣어 중간 불에서 3~4분간 뒤집어가며 노릇하게 구운 후 한 김 식힌다
   • 구운 두부는 충분히 식힌 후 그릇에 올려야 참나물의 숨이 죽지 않는다.
5. 볼에 참나물, 양파, 당근, 드레싱을 넣고 살살 버무린다.
   • 먹기 직전에 버무려야 참나물의 숨이 죽지 않는다.
6. 그릇에 구운 두부, ⑤를 번갈아가며 담은 후 통깨 간 것을 뿌린다.

한식 밥상에 잘 어울리는 반찬 샐러드

# 닭안심 부추 샐러드

기름기 없고 고소한 닭안심과 알싸한 부추가 만난 찰떡궁합 반찬 샐러드. 쌈 채소를 곁들여 함께 먹으면 더 맛있어요.

 1~2인분

 20~25분

- 닭안심 4~5개(100~120g)
- 부추 15줄기(30g)
- 양파 1/20개(10g)
- 당근 1/20개(10g)
- 고추 1개(풋고추, 홍고추)
- 올리브유 2큰술 + 1큰술
- 소금 약간
- 통후추 간 것 약간
- 통깨 간 것 약간

**닭안심 밑간**
- 마늘가루 1/3작은술(또는 다진 마늘 약간)
- 소금 약간
- 통후추 간 것 약간

**DRESSING**
원하는 드레싱을 선택하세요!
① 오리엔탈 드레싱 2~3큰술
   (36쪽, 사진 속 드레싱)
② 생강 간장 드레싱 2~3큰술(36쪽)
③ 피쉬 간장 드레싱 2~3큰술(37쪽)

1. 드레싱은 재료가 잘 어우러지도록 먼저 섞어둔다.
2. 양파, 당근은 가늘게 채 썰고, 부추도 비슷한 길이로 썬다. 고추는 다진다.
3. 닭안심은 밑간 재료와 버무린 후 1~1.5cm 두께로 길게 썬다.
4. 달군 팬에 올리브유(2큰술)를 두르고 닭안심을 넣어 중간 불에서 4~5분간 구운 후 덜어둔다.
5. 팬을 다시 달궈 올리브유(1큰술)를 두르고 양파, 당근, 소금, 통후추 간 것을 넣고 중간 불에서 1분간 볶는다.
6. 볼에 모든 재료, 드레싱을 넣고 버무린다.
   - 쌈채소를 곁들여도 좋다.

**Q 닭가슴살 토핑 사용하기**
동량의 닭가슴살 토핑(26쪽)을 해동한 후 가늘게 찢어서 사용해도 좋다.

한식 밥상에 잘 어울리는 반찬 샐러드

# 오징어 구운 두부 부추 샐러드

쫄깃한 오징어와 향긋한 부추가 어우러진 매콤한 반찬 샐러드.
구운 두부를 더해 푸짐함과 든든함을 더한 것이 포인트.

 1~2인분

 15~20분

- 손질 오징어 60g
- 두부 70~80g
- 양파 1/20개(10g)
- 당근 1/20개(10g)
- 부추 10줄기(20g)
- 올리브유 약간
- 통깨 간 것 약간

**DRESSING**
원하는 드레싱을 선택하세요!
① 고추장 드레싱 2~3큰술
   (38쪽, 사진 속 드레싱)
② 통깨 간장 드레싱 3~4큰술(36쪽)
③ 오리엔탈 드레싱 3~4큰술(36쪽)

**오징어 사용하기**
냉동 오징어는 생 오징어보다 비린내가 날 수 있으므로 데칠 때 소금, 식초 약간씩을 더한다.

1. 드레싱은 재료가 잘 어우러지도록 먼저 섞어둔다.
2. 양파, 당근은 얇게 채 썰고, 부추는 5cm 길이로 썬다.
3. 두부는 가로, 세로 1.5cm, 두께 1cm 크기로 썬다.
4. 오징어는 한입 크기로 썬다.
5. 끓는 물 + 소금(약간)에 오징어를 넣고 30초간 데친 후 체에 밭쳐 헹구고 그대로 물기를 뺀다.
6. 달군 팬에 올리브유를 두르고 두부를 넣어 중간 불에서 3~4분간 뒤집어가며 노릇하게 구운 후 덜어둔다.
7. 볼에 오징어, 양파, 당근, 부추, 드레싱을 넣고 버무린다.
8. 그릇에 담고 구운 두부를 올린 후 통깨 간 것을 뿌린다.

2

5

## 날치알 콩나물 냉채 샐러드

톡톡 터지는 날치알과 아삭한 콩나물이 만난 상큼한 샐러드. 버미셀리와 같은 얇은 쌀국수를 더해 가벼운 한 끼 식사로 즐겨도 좋아요.

 1~2인분

 15~20분

- 콩나물 2줌(100g)
- 오이 1/10개(20g)
- 파프리카 1/10개(20g, 빨강, 노랑)
- 크래미 50g
- 날치알 1.5큰술
- 오렌지주스 약간(또는 맛술, 청주)
- 통깨 간 것 약간

**DRESSING**
원하는 드레싱을 선택하세요!
① 씨겨자 간장 드레싱 2~3큰술
   (37쪽, 사진 속 드레싱)
② 유자 드레싱 2~3큰술(39쪽)
③ 피클 드레싱 3~4큰술(44쪽)

1. 드레싱은 재료가 잘 어우러지도록 먼저 섞어둔다.
2. 끓는 물 + 소금(약간)에 콩나물을 넣고 뚜껑을 연 상태로 2~3분간 삶는다.
3. 찬물에 담가 식힌 후 물기를 꼭 짜서 냉장실에 넣어 차게 만든다.
4. 날치알은 오렌지주스에 1분간 담갔다가 체에 밭쳐 물기를 뺀다.
   - 오렌지주스에 담가둬야 날치알의 비린맛을 없앨 수 있다.
5. 오이, 파프리카는 가늘게 채 썰고, 크래미는 가늘게 찢는다.
6. 볼에 콩나물, 오이, 파프리카, 크래미, 드레싱을 넣고 버무린다.
7. 그릇에 담고 날치알, 통깨 간 것을 올린다.

## 건새우 볶음 렌틸콩 샐러드

렌틸콩으로 고소함, 건새우로 풍미, 마늘종으로 달큰함을 더한 입체적인 맛과 식감의 반찬 샐러드. 밥에 올려 비벼 먹으면 다른 반찬이 필요 없어요. 샐러드의 토핑으로도 추천해요.

 1~2인분

 15~20분

- 렌틸콩 토핑 약 1/3컵(60g, 23쪽)
- 건새우 2큰술
- 마늘종 5~6줄기(30g)
- 올리브유 약간
- 참기름 약간
- 소금 약간
- 통깨 간 것 약간

**DRESSING**
원하는 드레싱을 선택하세요!
① 오리엔탈 드레싱 1~2큰술
　(36쪽, 사진 속 드레싱)
② 레몬 오일 드레싱 1~2큰술(32쪽)
③ 유자 폰즈 드레싱 2~3큰술(36쪽)

1. 드레싱은 재료가 잘 어우러지도록 먼저 섞어둔다.
2. 렌틸콩 토핑은 23쪽을 참고해 준비한다.
3. 마늘종은 1cm 길이로 썬다.
4. 끓는 물 + 소금(약간)에 마늘종을 넣고 40초간 데친 후 체에 밭쳐 흐르는 물에 헹궈 물기를 뺀다.
5. 달군 팬에 올리브유를 두르고 건새우를 넣고 중간 불에서 2분, 렌틸콩, 마늘종, 소금을 넣고 30~40초간 볶는다.
6. 팬에 드레싱을 넣고 버무린다.
7. 그릇에 담고 참기름, 통깨 간 것을 뿌린다.

# 톳 두부소보로 샐러드

톡톡 씹히는 톳과 포슬포슬한 두부소보로를 버무린 반찬 샐러드. 두부소보로를 더 넉넉히 더해 밥 없이 다이어트용 식사 샐러드로 활용해도 좋아요.

 1인분

 15~20분(+ 염장 톳 물에 담가두기 30분)

- 염장 톳 1/4컵(40g)
- 두부소보로 80g(79쪽)
- 당근 1/10개(20g)
- 쪽파 1줄기
- 참기름 약간
- 통깨 간 것 약간

**DRESSING**
원하는 드레싱을 선택하세요!
① 유자 폰즈 드레싱 1~2큰술
   (36쪽, 사진 속 드레싱)
② 들기름 청양고추 드레싱 2~3큰술(34쪽)
③ 통깨 마요 드레싱 2~3큰술(43쪽)

### 염장 톳을 다른 톳으로 대체하기

생 톳(30g), 말린 톳(4g)으로 대체해도 좋다.

생 톳 깨끗하게 씻은 후 끓는 물 + 소금(약간)에 30초~1분간 데쳐서 사용한다.

말린 톳 미지근한 물에 30분간 불린 후 충분히 씻는다. 끓는 물에 넣고 1~2분간 데쳐서 사용한다.

1. 드레싱은 재료가 잘 어우러지도록 먼저 섞어둔다.
2. 염장 톳은 찬물에 4~5회 헹군 후 물에 30분간 담가둔다.
3. 당근은 가늘게 채 썰고, 쪽파는 송송 썬다.
4. 끓는 물에 불린 톳을 넣고 30초간 데쳐 찬물에 헹군 후 물기를 꼭 짠다.
5. 볼에 톳, 드레싱을 넣고 무친다.
6. 두부소보로, 당근, 쪽파를 넣고 한번 더 버무린 후 그릇에 담고 참기름, 통깨 간 것을 더한다.

# 4.

## 술과 함께 가볍게 즐기는
## 안주 샐러드

샐러드를 술과 함께 한다는 것이 어색하다고요?
이번 챕터에서는 술과 잘 어울리는 비주얼, 든든함, 맛까지
모두 챙긴 샐러드를 만날 수 있어요.
샐러드마다 어울리는 술의 종류도 표기했으니
함께 매칭해 더 근사하게 즐겨보세요.

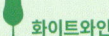 화이트와인   레드와인  로제와인   스파클링와인   맥주  청주   과실주   막걸리

잘 어울리는 술
- 화이트와인
- 스파클링와인
- 맥주
- 청주

# 방울방울 샐러드

동글동글 방울토마토와 쫀득한 보코치니 치즈를 더한 귀여운 샐러드. 은은한 알싸함을 가진 루콜라와 상큼한 드레싱 덕분에 균형 있는 맛이 가득해요. 따뜻한 치아바타를 곁들여도 금상첨화.

 2인분

 10~15분

- 방울토마토 12개(180g)
- 보코치니 치즈 8개(80g)
- 루콜라 2줌(30g)

### DRESSING
원하는 드레싱을 선택하세요!
① 클래식 발사믹 드레싱 2~3큰술(44쪽, 사진 속 드레싱)
② 페스토 드레싱 2~3큰술(33쪽)
③ 스위트 발사믹 2~3큰술(44쪽)

**보코치니 치즈(Bocconcini)**
이탈리아 남부 지방에서 유래한 작은 공 모양의 신선한 모짜렐라 치즈. '보코치니'라는 이름은 이탈리아어로 '작은 한 입(bite-sized pieces)'이라는 뜻이며, 맛이 순하고 부드러워 두루 활용하기 좋다.

1. 드레싱은 재료가 잘 어우러지도록 먼저 섞어둔다.
2. 방울토마토는 2등분하고, 보코치니 치즈는 물기를 없앤다.
3. 그릇에 방울토마토, 보코치니 치즈, 루콜라를 올린다.
4. 드레싱을 뿌린다.

2

4

잘 어울리는 술
- 화이트와인
- 로제와인
- 맥주
- 청주

# 토마토
# 완두콩 샐러드

제철인 여름에 한가득 삶아 냉동실에 보관해두면 사계절 내내 맛볼 수 있는 완두콩. 동그랗게 썬 빨간 토마토에 초록 완두콩이 올라간 귀여운 샐러드, 여기에 파스타까지 더해 푸짐해요.

 2인분

 15~20분

- 토마토 1개(150g)
- 삶은 완두콩 약 1/3컵(50g)
- 숏 파스타 토핑 2큰술
  (15~20g, 삶은 후, 24쪽)
- 적양파 1/6개(또는 양파, 약 30g)
- 올리브유 1큰술
- 파슬리가루 약간
- 통후추 간 것 약간

**DRESSING**
원하는 드레싱을 선택하세요!
① 오리엔탈 드레싱 2~4큰술
  (36쪽, 사진 속 드레싱)
② 유자 폰즈 드레싱 2~4큰술(36쪽)
③ 클래식 발사믹 드레싱 2~4큰술(44쪽)

### 완두콩 삶기

완두콩이 제철인 5월에 삶아 냉동해두면 일 년 내내 사용 가능하다. 완두콩을 끓는 물 + 소금(약간)에 넣고 2~3분간 삶은 후 얼음물에 담가 초록색이 유지되도록 식히고 한 번 먹을 분량씩 담아 냉동한다(냉동 6개월). 냉동 완두콩은 끓는 물에 삶아 해동하면 색이 변하므로 자연해동해서 사용한다.

1. 드레싱은 재료가 잘 어우러지도록 먼저 섞어둔다.
2. 숏 파스타 토핑은 24쪽을 참고해 준비한다.
   - 사진 속의 숏 파스타는 나비 모양의 파르팔레이다.
3. 토마토는 동그란 모양을 살려 0.5m 두께로 썰고, 적양파는 얇게 채 썬다.
4. 그릇에 토마토를 펼쳐 깐 후 적양파, 숏 파스타, 완두콩을 올린다.
5. 드레싱을 뿌린 후 파슬리가루, 통후추 간 것을 뿌린다.

2,3

5

| 잘 어울리는 술 |
| --- |
| 🍷 화이트와인 |
| 🍷 스파클링와인 |
| 🍷 청주 |
| 🍷 과실주 |

# 과일 살사와 부라타 치즈 샐러드

달콤한 과일과 특히 궁합이 좋은 부라타 치즈를 더한 샐러드. 다진 양파와 청양고추까지 넣어 다채로운 맛과 식감이 매력적이에요. 오일파스타나 피자에 곁들이면 잘 어울려요.

2인분
15~20분

- 부라타 치즈 1개(100~150g)
- 델라웨어 포도 70g(또는 다른 포도)
- 방울토마토 6개
- 키위 70g
- 다진 적양파 1큰술(또는 양파)
- 다진 청양고추 1작은술
- 통후추 간 것 약간

**DRESSING**
원하는 드레싱을 선택하세요!
① 살사 드레싱 3~4큰술 (32쪽, 사진 속 드레싱)
② 오렌지 드레싱 3~4큰술(39쪽)
③ 유자 드레싱 3~4큰술(39쪽)

 **부라타 치즈(Burrata)**
겉은 모짜렐라, 안은 생크림과 같은 식감을 가진 치즈. 버터처럼 부드럽다는 뜻을 갖고 있다. 동그란 모양이 예뻐 요리에 더했을 때 존재감이 강한 편.

 **냉동 부라타 치즈 해동하기**
냉동 부라타 치즈를 사용할 경우 냉장실에서 하루 정도 천천히 해동해야 특유의 식감을 잘 느낄 수 있다.

1  드레싱은 재료가 잘 어우러지도록 먼저 섞어둔다.
2  방울토마토는 4등분하고, 키위는 한입 크기로 썬다. 적양파, 청양고추는 분량만큼 잘게 다진다.
3  볼에 포도, 방울토마토, 키위, 다진 적양파, 다진 청양고추, 드레싱을 넣고 섞는다.
4  그릇에 부라타 치즈를 올리고 통후추 간 것을 뿌린다. ③을 부라타 치즈의 가장자리로 담는다.

| 잘 어울리는 술 |
| --- |
| 화이트와인 |
| 로제와인 |
| 맥주 |
| 청주 |

## 하우스 샐러드

하우스 샐러드는 레스토랑에서 기본으로 제공되는 샐러드로, 특별하게 정해진 드레싱이나 재료 없이 그곳만의 개성이 담긴 샐러드를 뜻해요. 냉장고 속 어떤 재료든 사용해도 돼요.

 2인분

 15~20분

- 샐러드채소 4줌(80g)
- 주키니호박 1/5개(60g)
- 브로콜리 토핑 약 5~6조각(50g, 21쪽)
- 방울토마토 7~8개
- 삶은 달걀 2개
- 견과류 약간
- 그라나파다노 치즈 1큰술
- 올리브유 약간
- 소금 약간
- 통후추 간 것 약간

**DRESSING**
원하는 드레싱을 선택하세요!
① 화이트 발사믹 드레싱 3~4큰술 (44쪽, 사진 속 드레싱)
② 이탈리안 드레싱 2~4큰술(32쪽)
③ 레몬 오일 드레싱 2~4큰술(32쪽)

1. 드레싱은 재료가 잘 어우러지도록 먼저 섞어둔다.
2. 브로콜리 토핑은 21쪽을 참고해 준비한다.
3. 샐러드채소는 한입 크기로 썰고, 주키니호박은 0.5cm 두께의 반달 모양으로 썬다. 방울토마토는 2등분한다. 삶은 달걀은 한입 크기로 썬다.
4. 달군 팬에 올리브유를 두르고 주키니호박을 넣어 중강 불에서 소금, 통후추 간 것을 뿌려 앞뒤로 뒤집어가며 1~2분간 구운 후 덜어둔다.
5. 그릇에 재료를 담고 드레싱을 뿌린다.
6. 그라나파다노 치즈를 필러로 저며 올리고, 소금, 통후추 간 것을 뿌린다.

2,3

5

**잘 어울리는 술**
- 화이트와인
- 스파클링와인
- 청주
- 과실주

### 🍷 브리 치즈(Brie)
우유로 만든 흰 곰팡이 숙성 치즈로 프랑스 브리 지역에서 유래했다. 겉면이 하얀 곰팡이로 덮여 있으며, 숙성이 진행될수록 내부가 크림처럼 부드럽고 흘러내리는 질감이다. 가열하면 풍미가 더욱 깊어지는 것이 특징.

### 🍷 프로슈토(Prosciutto)
이탈리아가 원산지인 얇게 썬 생햄. 돼지 뒷다리를 소금에 절여 건조, 숙성한 것으로 부드럽고 순한 맛이 특징이다. 전채요리 및 파스타, 피자에 두루 활용 가능하다.

## 울산배 치즈 샐러드

수분이 많고 아삭함이 일품인 울산 특산품인 배를 활용한 다이닝 샐러드. 부드러운 브리 치즈를 더해 근사함을 살렸어요. 배를 좀 더 얇게 썰어서 담아도 멋스럽답니다.

 2인분

 10~15분

- 배 1/2개(울산배, 250g)
- 브리 치즈 1/2개
- 루콜라 약간
- 프로슈토 30g(또는 하몽)
- 견과류 1큰술
- 소금 약간
- 통후추 간 것 약간

**DRESSING**
원하는 드레싱을 선택하세요!
① 화이트 발사믹 드레싱 2~3큰술
  (44쪽, 사진 속 드레싱)
② 유자 드레싱 2~3큰술(39쪽)
③ 허니 홀그레인 머스터드 드레싱
  2~3큰술(33쪽)

1 드레싱은 재료가 잘 어우러지도록 먼저 섞어둔다.
2 배는 깨끗이 씻어 씨 부분을 없앤 후
  껍질째 1.5cm 두께의 얇은 웨지 모양으로 썬다.
3 브리 치즈는 결대로 얇게 썰고, 프로슈토는 한 장씩 떼어둔다.
  견과류는 잘게 다진다.
4 그릇에 배, 브리 치즈를 번갈아가며 담는다.
5 루콜라, 프로슈토, 견과류, 소금, 통후추 간 것을 올린다. 드레싱을 곁들인다.

2,3

5

# 라디치오 살구 샐러드

이탈리아에서 유래한 붉은빛의 쌉싸래한 맛의 채소인 라디치오는 수분이 많고 달달한 살구나 오렌지 등의 과일과 궁합이 좋아요. 맛과 색이 멋스럽게 조화를 이루어 홈파티를 빛나게 할 샐러드.

 2인분

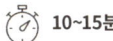 10~15분

- 라디치오 6~8장(또는 루콜라, 적양배추 등 쌉싸래한 채소, 60g)
- 살구 3~4개(또는 복숭아, 오렌지, 무화과)
- 샤인머스캣 5알
- 보코치니 치즈 6개(또는 리코타 치즈, 스트링 치즈, 60g)
- 다진 견과류 2~3큰술
- 통후추 간 것 약간

### DRESSING
원하는 드레싱을 선택하세요!
① 오렌지 드레싱 2~3큰술(39쪽, 사진 속 드레싱)
② 레몬 드레싱 3~4큰술(39쪽)
③ 키위 드레싱 3~4큰술(39쪽)

**보코치니 치즈(Bocconcini)**
이탈리아 남부 지방에서 유래한 작은 공 모양의 신선한 모짜렐라 치즈. '보코치니'라는 이름은 이탈리아어로 '작은 한 입(bite-sized pieces)'이라는 뜻이며, 맛이 순하고 부드러워 두루 활용하기 좋다.

1. 드레싱은 재료가 잘 어우러지도록 먼저 섞어둔다.
2. 라디치오는 한입 크기로 썬다.
3. 살구는 4~6등분한 후 씨를 없애고, 샤인머스캣은 2등분한다
4. 그릇에 라디치오를 깔고 드레싱을 뿌린다.
5. 살구, 샤인머스캣을 군데군데 올린 후 살구에 보코치니 치즈를 올린다.
6. 다진 견과류, 통후추 간 것을 올린 후 취향에 따라 드레싱을 더한다.

잘 어울리는 술
- 화이트와인
- 로제와인
- 청주

# 무화과 샤인 샐러드

늦여름부터 초가을까지만 만날 수 있는 무화과를 아삭하고 달콤한 샤인머스캣과 함께 담아 고급스러움이 가득한 샐러드.

 2인분

 10~15분

- 무화과 2~3개
- 샤인머스캣 10알(또는 청포도, 골드키위)
- 라디치오 2~3장
  (또는 루콜라, 적겨자잎, 치커리, 20g)
- 견과류 1/2큰술
- 페타 치즈 1큰술(또는 리코타 치즈)
- 통후추 간 것 약간

**DRESSING**
원하는 드레싱을 선택하세요!
① 허니 홀그레인 머스터드 드레싱
   2~3큰술(33쪽, 사진 속 드레싱)
② 화이트 발사믹 드레싱 2~3큰술(44쪽)
③ 스위트 발사믹 드레싱 2~3큰술(44쪽)

### 페타 치즈(Feta)
그리스 전통 치즈. 짭짤하고 부드러운 질감, 약간의 시큼한 맛이 특징. 샐러드, 파스타, 오믈렛 등에 활용하기 좋다.

1. 드레싱은 재료가 잘 어우러지도록 먼저 섞어둔다.
2. 무화과는 꼭지를 잡고 흐르는 물에 살살 씻는다.
   - 아랫부분의 벌어진 틈으로 물이 들어가지 않도록 주의한다.
3. 무화과는 길게 6~8등분하고, 샤인머스캣은 2등분한다.
4. 라디치오는 굵게 채 썰고, 견과류는 다진다.
5. 그릇에 라디치오를 깔고 무화과, 샤인머스캣을 담는다.
6. 드레싱, 견과류를 더한다.
7. 페타 치즈를 부숴 보슬보슬하게 올린 후 통후추 간 것을 뿌린다.

3,4

5

# 무화과
# 브리 치즈 샐러드

무화과에 치즈를 곁들인, 달콤하고 부드러운 맛의 와인 안주 샐러드. 무화과를 오븐에서 살짝 익힌 덕분에 단맛은 더 올라가고 부드러움도 한껏 상승했어요.

술과 함께 가볍게 즐기는 안주 샐러드

 2인분

 15~20분

- 브리 치즈 1/2개
- 무화과 4개
- 다진 견과류 1큰술
- 건 크랜베리 1작은술
- 올리브유 약간

**DRESSING**
원하는 드레싱을 선택하세요!
① 유자 드레싱 1~2큰술(39쪽, 사진 속 드레싱)
② 허니 홀그레인 머스터드 1~2큰술(33쪽)
③ 레몬 오일 드레싱 2~3큰술(32쪽)

### 📍 브리 치즈(Brie)
우유로 만든 흰 곰팡이 숙성 치즈로 프랑스 브리 지역에서 유래했다. 겉면이 하얀 곰팡이로 덮여 있으며, 숙성이 진행될수록 내부가 크림처럼 부드럽고 흘러내리는 질감이다. 가열하면 풍미가 더욱 깊어지는 것이 특징.

1  드레싱은 재료가 잘 어우러지도록 먼저 섞어둔다.
2  무화과는 꼭지를 잡고 흐르는 물에 살살 씻는다.
   • 아랫부분의 벌어진 틈으로 물이 들어가지 않도록 주의한다.
3  꼭지를 잘라내고 무화과에 열십(+) 자로 1/2지점까지 칼집을 넣는다. 오븐 팬에 담고 올리브유를 뿌린다.
4  180°C로 예열한 오븐(또는 에어프라이어)에서 7분간 노릇하게 구운 후 꺼내 식힌다.
5  브리 치즈는 부채꼴 모양으로 작게 썬다.
6  무화과 칼집 사이에 브리 치즈를 끼운 후 토치로 살짝 굽는다. 남는 브리 치즈는 옆에 담는다.
   • 토치가 없으면 생략해도 좋다.
7  무화과 칼집 사이에 건 크랜베리를 끼운 후 다진 견과류, 드레싱을 뿌린다.

잘 어울리는 술
- 화이트와인
- 로제와인
- 청주
- 과실주

# 복숭아 부라타 샐러드

신맛이 강한 복숭아에 달콤한 메이플시럽을 더해 한번 구워 신맛을 줄이고 단맛은 올린 매력 만점 샐러드. 부라타 치즈의 부드러운 식감은 덤! 안주로, 오픈샌드위치로도 즐기세요.

 2인분

 15~20분

- 부라타 치즈 100g
- 천도 복숭아 2개 (작은 것, 또는 망고, 300g)
- 프로슈토 30g
- 루콜라 1줌 (15g)
- 올리브유 2큰술 + 1큰술 + 1큰술
- 메이플시럽 1큰술
- 발사믹 글레이즈 약간
- 소금 약간
- 통후추 간 것 약간

**DRESSING**

원하는 드레싱을 선택하세요!
① 화이트 발사믹 드레싱 3~4큰술 (44쪽, 사진 속 드레싱)
② 레몬 오일 드레싱 2~3큰술 (32쪽)
③ 허니 홀그레인 머스터드 드레싱 3~4큰술 (33쪽)

1 드레싱은 재료가 잘 어우러지도록 먼저 섞어둔다.
2 복숭아는 깨끗이 씻은 후 껍질째 3~4cm 두께의 웨지 모양으로 썬다.
3 볼에 복숭아, 올리브유(2큰술), 메이플시럽을 넣고 버무린다.
4 달군 팬에 올리브유(1큰술)를 두르고 복숭아를 넣어 중간 불에서 30초 정도 굽는다.
5 그릇에 루콜라 → 부라타 치즈 순으로 올린 후 복숭아, 프로슈토를 올린다.
6 부라타 치즈에 발사믹 글레이즈를 뿌린 후 올리브유(1큰술), 소금, 통후추 간 것을 뿌린다. 드레싱을 곁들인다.

**부라타 치즈(Burrata)**
겉은 모짜렐라, 안은 생크림과 같은 식감을 가진 치즈. 버터처럼 부드럽다는 뜻을 갖고 있다. 동그란 모양이 예뻐 요리에 더했을 때 존재감이 강한 편.

**냉동 부라타 치즈 해동하기**
냉동 부라타 치즈를 사용할 경우 냉장실에서 하루 정도 천천히 해동해야 특유의 식감을 잘 느낄 수 있다.

잘 어울리는 술
- 화이트와인
- 로제와인
- 청주
- 막걸리

# 브리 치즈 넛츠 샐러드

구워서 즐기면 더 폼 나는 브리 치즈. 여기에 찰떡궁합인 견과류를 더해 최소의 노력으로 만드는 최상의 고급 샐러드. 치즈와 견과류를 빵에 스프레드처럼 발라 먹는 것을 추천해요.

 2인분
 15~20분

- 브리 치즈 120g
- 피칸 + 호두 1/4컵 (또는 다른 견과류, 20g)

### DRESSING
원하는 드레싱을 선택하세요!
① 허니 홀그레인 머스터드 드레싱 2~3큰술 (33쪽, 사진 속 드레싱)
② 레몬 오일 드레싱 2~3큰술 (32쪽)
③ 오렌지 드레싱 3~4큰술 (39쪽)

**브리 치즈(Brie)**
우유로 만든 흰 곰팡이 숙성 치즈로 프랑스 브리 지역에서 유래했다. 겉면이 하얀 곰팡이로 덮여 있으며, 숙성이 진행될수록 내부가 크림처럼 부드럽고 흘러내리는 질감이다. 가열하면 풍미가 더욱 깊어지는 것이 특징.

1. 드레싱은 재료가 잘 어우러지도록 먼저 섞어둔다.
2. 브리 치즈는 윗부분에 칼집을 6개 정도 낸 후 오븐 팬에 담는다.
3. 피칸, 호두를 올린 후 180℃로 예열한 오븐(또는 에어프라이어)에서 10분간 노릇하게 굽는다.
4. 드레싱을 뿌린다.

2

4

| 잘 어울리는 술 |
| --- |
| 🍷 스파클링와인 |
| 🍺 맥주 |
| 🥛 청주 |

# 아보카도 코울슬로

치킨 전문점에서만 먹던 마요네즈 베이스의 새콤달콤한 코울슬로를 건강한 버전으로 만든 샐러드. 아보카도를 더해 더 부드럽게, 다양한 채소를 더해 더 아삭하게 만들었어요. 피타 브레드에 넣어 샌드위치로 먹어도 맛있어요.

 2인분

 15~20분

- 적양배추 4장(또는 양배추, 80g)
- 당근 1/4개(50g)
- 사과 1/4개(50g)
- 다진 견과류 1큰술
- 아보카도 1개(또는 냉동 아보카도)
- 식초 2큰술
- 소금 약간
- 통후추 간 것 약간

**DRESSING**
원하는 드레싱을 선택하세요!
① 화이트 발사믹 드레싱 2~3큰술
　(44쪽, 사진 속 드레싱)
② 플레인 땅콩버터 드레싱 2~3큰술(35쪽)
③ 피클 드레싱 2~3큰술(44쪽)

1 드레싱은 재료가 잘 어우러지도록 먼저 섞어둔다.
2 적양배추, 당근, 사과를 가늘게 채 썬 후 볼에 담는다.
3 식초, 소금을 넣고 버무려 10분간 두었다가 물기를 꼭 짠다.
4 아보카도는 과육만 도려낸 후 볼에 담아 으깨고 드레싱과 섞는다.
5 볼에 모든 재료를 넣고 살살 버무린 후 그릇에 담는다.
- 빵을 곁들여도 좋다.

술과 함께 가볍게 즐기는 안주 샐러드

잘 어울리는 술
- 레드와인
- 맥주

# 발사믹 버섯 샐러드

구운 모둠 버섯과 새콤한 발사믹 드레싱의 맛 궁합이 특별히 좋은 조림 샐러드. 따뜻한 상태일 때 바게트를 곁들이면 안주로 완벽해요.

 2인분

 15~20분

- 모둠 버섯 150g
- 루콜라 약간
- 어린잎채소 약간
- 적양파 1/4개
- 올리브유 1큰술
- 견과류 1작은술
- 그라나파다노 치즈 간 것 약간
- 소금 약간
- 통후추 간 것 약간

**DRESSING**

원하는 드레싱을 선택하세요!

① 클래식 발사믹 드레싱 3~4큰술
   (44쪽, 사진 속 드레싱)
② 레몬 오일 드레싱 2~3큰술(32쪽)
③ 화이트 발사믹 드레싱 2~3큰술(44쪽)

1. 드레싱은 재료가 잘 어우러지도록 먼저 섞어둔다.
2. 모둠 버섯은 한입 크기로 썰거나 가닥가닥 떼어낸다.
3. 적양파는 채 썰고, 견과류는 다진다.
4. 달군 팬에 올리브유를 두르고 버섯, 드레싱을 넣어 중간 불에서 2분간 저어가며 조린다.
5. 그릇에 루콜라, 어린잎채소, 적양파를 담고 버섯을 올린다.
6. 견과류, 그라나파다노 치즈 간 것, 소금, 통후추 간 것을 올린다.

• 루콜라를 생략하고 방울토마토를 더해도 좋다.

# 아스파라거스 반숙란 샐러드 레시피 206쪽

잘 어울리는 술
- 화이트와인
- 스파클링와인
- 맥주
- 청주

## 오렌지 치킨 샐러드 레시피 208쪽

술과 함께 가볍게 즐기는 안주 샐러드

잘 어울리는 술
- 화이트와인
- 맥주
- 청주

# 아스파라거스 반숙란 샐러드

유럽 미식여행에서 빠지지 않는, 오랜 역사를 가진 식재료, 아스파라거스. 아스파라거스를 스테이크 가니쉬가 아닌 샐러드의 메인 재료로 즐기는 레시피.

 1~2인분

 15~20분

- 아스파라거스 6줄기
- 방울토마토 4개
- 삶은 달걀 1개
- 병아리콩 토핑 약 3큰술(30g, 23쪽)
- 호밀빵 약간(또는 치아바타)
- 마늘가루 1작은술(또는 다진 마늘 1/2작은술)
- 올리브유 1큰술 + 2큰술
- 소금 약간
- 통후추 간 것 약간

### DRESSING
원하는 드레싱을 선택하세요!
① 레몬 오일 드레싱 3~4큰술(32쪽, 사진 속 드레싱)
② 파마산 치즈 드레싱 2~3큰술(40쪽)
③ 랜치 드레싱 3~4큰술(42쪽)

1 드레싱은 재료가 잘 어우러지도록 먼저 섞어둔다.
2 병아리콩 토핑은 23쪽을 참고해 준비한다.
3 아스파라거스는 필러로 껍질을 벗긴 후 5cm 길이로 썬다.
4 볼에 아스파라거스, 마늘가루, 올리브유(1큰술), 소금, 통후추 간 것을 넣고 버무린다.
5 방울토마토는 2등분하고, 빵은 손으로 작게 뜯는다. 삶은 달걀은 2등분한다.
6 달군 팬에 빵을 넣고 기름 없이 노릇하게 구운 후 덜어둔다.
7 팬을 다시 달궈 올리브유(2큰술)를 두르고 아스파라거스를 넣어 중간 불에서 1분간 앞뒤로 굴려가며 굽는다.
8 볼에 아스파라거스, 방울토마토, 삶은 달걀, 병아리콩, 구운 빵, 드레싱을 곁들인다.

술과 함께 가볍게 즐기는 안주 샐러드

# 오렌지 치킨 샐러드

구운 닭가슴살에 상큼한 오렌지 과육, 고소한 견과류와 렌틸콩을 곁들여 든든한 안주는 물론 식사가 되는 샐러드.

 1인분

 20~25분

- 닭가슴살 토핑 1개(100g, 26쪽)
- 렌틸콩 토핑 약 1큰술(10g, 23쪽)
- 오렌지 1개
- 루콜라 1줌(15g)
- 어린잎채소 1줌(20g)
- 다진 견과류 2~3큰술(20g)

### DRESSING
원하는 드레싱을 선택하세요!
① 오렌지 드레싱 3~4큰술(39쪽, 사진 속 드레싱)
② 레몬 드레싱 3~4큰술(39쪽)
③ 요거트 드레싱 3~4큰술(41쪽)

1. 드레싱은 재료가 잘 어우러지도록 먼저 섞어둔다.
2. 닭가슴살 토핑은 26쪽을 참고해 준비한 후 한입 크기로 큼직하게 썬다.
3. 렌틸콩 토핑은 23쪽을 참고해 준비한다.
4. 오렌지는 껍질을 벗긴 후 웨지 모양으로 썬다.
5. 그릇에 루콜라, 어린잎채소, 렌틸콩을 담는다.
   그 위에 닭가슴살, 오렌지를 번갈아가며 올린다.
6. 다진 견과류를 뿌리고 드레싱을 뿌린다.

술과 함께 가볍게 즐기는 안주 샐러드

209

| 잘 어울리는 술 |
| --- |
| 🍷 화이트와인 |
| 🍷 로제와인 |
| 🍶 청주 |

# 로스트 베지 스틱 샐러드

오븐에 구운 감자와 당근을 차지키 소스에 찍어 먹는 든든하고 상큼한 샐러드.

 2인분

 20~25분

- 감자 1개(200g)
- 당근 2개(작은 것)
- 올리브유 3큰술 + 약간
- 소금 약간
- 통후추 간 것 약간
- 허브가루 약간(로즈메리, 오레가노 등)
- 딜 약간

**DRESSING**
원하는 드레싱을 선택하세요!
① 차지키 드레싱 4~5큰술(41쪽, 사진 속 드레싱)
② 타이 스위트 칠리 드레싱 3~4큰술(38쪽)
③ 요거트 드레싱 4~5큰술(41쪽)

🟠 **감자 토핑 사용하기**
동량의 감자 토핑(18쪽)을 해동한 후 달군 팬에 노릇하게 볶아 사용해도 좋다.

1. 드레싱은 재료가 잘 어우러지도록 먼저 섞어둔다.
2. 감자, 당근을 껍질째 씻은 후 손가락 크기(길이 8~10cm, 두께 2cm)로 썬다.
3. 볼에 감자, 당근, 올리브유(3큰술), 소금, 통후추 간 것, 허브가루를 넣고 섞은 후 오븐 팬에 펼쳐 담는다.
4. 180℃로 예열한 오븐(또는 에어프라이어)에서 10분간 노릇하게 굽는다.
5. 그릇에 드레싱을 펼친 후 올리브유(약간)를 뿌리고, 구운 감자, 당근을 쌓아 올린다. 딜, 통후추 간 것을 뿌린다.

**잘 어울리는 술**
- 화이트와인
- 로제와인
- 청주
- 과실주

"태국어로 쏨땀의 쏨은 '시다, 신맛', 땀은 '찧다, 절구에 찧는다'는 뜻으로 고추, 마늘, 라임즙, 피쉬소스, 설탕, 땅콩 등을 절구에 넣고 빻아 만든 매콤, 새콤, 달콤한 드레싱 베이스의 샐러드를 의미해요."

# 참외 쏨땀 샐러드

매콤, 달콤, 새콤한 맛이 고루 어우러지는 동남아 대표 샐러드, 쏨땀. 구하기 어려운 파파야 대신 여름 대표 제철 과일 참외를 활용해 조금 더 친근하게 만들었어요.

 2인분

 10~15분

- 참외 1~2개(크기에 따라 가감)
- 방울토마토 5~6개
- 파프리카 1개(주황, 노랑, 200g)
- 고수 약간
- 다진 땅콩 2큰술
- 다진 청양고추 2개 분량
- 라임 1조각(또는 시판 라임주스)

**DRESSING**
원하는 드레싱을 선택하세요!
① 타이 스위트 칠리 드레싱 4~5큰술
   (38쪽, 사진 속 드레싱)
② 레몬 드레싱 3~4큰술(39쪽)
③ 화이트 발사믹 드레싱 3~4큰술(44쪽)

1. 드레싱은 재료가 잘 어우러지도록 먼저 섞어둔다.
2. 참외는 깨끗이 씻은 후 껍질의 노란 부분을 조금 남기고 껍질을 벗긴다.
3. 참외는 채칼로 가늘게 채 썬다.
   - 채칼이 없다면 칼로 가늘게 썰어도 좋다.
4. 방울토마토는 2등분하고, 파프리카는 얇게 채 썬다. 고수는 잘게 뜯는다.
5. 큰 볼에 참외, 방울토마토, 파프리카, 고수, 다진 땅콩, 다진 청양고추, 드레싱을 넣고 버무린다.
   - 고수 약간을 드레싱에 넣어도 좋다.
6. 그릇에 담고 라임으로 장식한다. 먹기 전 라임즙을 짜서 뿌린다.

술과 함께 가볍게 즐기는 안주 샐러드

3

5

| 잘 어울리는 술 |
| --- |
| 화이트와인 |
| 레드와인 |
| 로제와인 |
| 맥주 |

# 스파이시 콜리 샐러드

그냥 먹기엔 심심하고 손이 잘 가지 않는 콜리플라워.
살짝 구운 후 매콤한 재료와 치즈에 버무려 다채로운 풍미를 한 번에
느낄 수 있는 샐러드로 재탄생시켰어요.

 2인분

 20~25분

- 콜리플라워 1/2송이(150g)
- 올리브유 3큰술
- 마늘가루 1큰술(또는 다진 마늘 1/2큰술)
- 그라나파다노 치즈 2큰술 + 약간
- 카이엔페퍼 1작은술(또는 고운 고춧가루)
- 소금 약간
- 통후추 간 것 약간
- 다진 견과류 1큰술
- 파슬리가루 약간

**DRESSING**
원하는 드레싱을 선택하세요!
① 페스토 드레싱 1~2큰술(33쪽, 사진 속 드레싱)
② 스파이시 땅콩버터 드레싱 2~3큰술(35쪽)

1. 드레싱은 재료가 잘 어우러지도록 먼저 섞어둔다.
2. 콜리플라워는 한입 크기로 썰어 물에 담가 여러 번 헹군 후 물기를 없앤다.
3. 볼에 콜리플라워, 올리브유, 마늘가루, 그라나파다노 치즈(2큰술),
   카이엔페퍼, 소금, 통후추 간 것을 넣고 버무린 후 오븐 팬에 펼쳐 담는다.
4. 200℃로 예열한 오븐(또는 에어프라이어)에서 15분간 구운 후 한 김 식힌다.
5. 그릇에 담고 드레싱을 뿌린 후 그라나파다노 치즈(약간)를
   필러로 저며 올린다.
6. 다진 견과류, 파슬리가루로 장식한다.

# 멕시칸 나초 샐러드 레시피 218쪽

**잘 어울리는 술**
- 화이트와인
- 레드와인
- 로제와인
- 맥주

술과 함께 가볍게 즐기는 안주 샐러드

# 멕시칸 나초 샐러드

다 함께 모인 자리에 짠~ 하고 내어 놓으면 더욱 빛을 발하는 샐러드. 자꾸만 손이 가는 은근 중독성이 강한 메뉴예요.

 2인분

 20~25분

- 나초 2컵
- 쇠고기소보로 토핑 3큰술
  (또는 돼지고기소보로, 27쪽)
- 샐러드채소 약간
- 방울토마토 3개
- 적양파 1/4개(또는 양파, 50g)
- 파프리카 + 피망 1/4개(50g)
- 통조림 옥수수 2큰술
- 블랙올리브 5개
- 멕시칸 슈레드 치즈 3큰술
  (또는 슈레드 치즈)
- 올리브유 1큰술
- 카이엔페퍼 약간(또는 고운 고춧가루)
- 통후추 간 것 약간
- 파슬리가루 약간

**DRESSING**
원하는 드레싱을 선택하세요!
① 스리라차 마요 드레싱 3~4큰술
   (42쪽, 사진 속 드레싱)
② 살사 드레싱 3~4큰술(32쪽)
③ 요거트 머스터드 드레싱 3~4큰술(41쪽)

1. 드레싱은 재료가 잘 어우러지도록 먼저 섞어둔다.
2. 방울토마토는 4등분하고 적양파, 파프리카, 피망은 굵게 다진다.
3. 통조림 옥수수는 물기를 없애고, 올리브는 슬라이스한다.
4. 달군 팬에 올리브유를 두르고 쇠고기소보로 토핑, 카이엔페퍼, 통후추 간 것을 넣고 중간 불에서 1분간 볶는다.
5. 그릇에 샐러드채소 → 나초 → ④ 순으로 올린다.
6. 방울토마토, 적양파, 파프리카, 피망, 옥수수, 올리브를 올린 후 슈레드 치즈, 통후추 간 것을 올린다.
7. 먹기 직전에 드레싱을 뿌린 후 파슬리가루를 더한다.

♥ **멕시칸 슈레드 치즈(Shreds)**
모짜렐라, 체다, 고다, 파마산 등의 치즈를 잘게 채 썰어 놓은 것으로 녹이는 과정 없이 그대로 가볍게 섞어 먹을 수 있는 맛과 식감을 가진 것이 특징.

술과 함께 가볍게 즐기는 안주 샐러드

## 연어 셰비체 샐러드 레시피 224쪽

"셰비체(Ceviche)는 해산물을 라임이나 레몬즙에 충분히 적셔 육질을 좀 더 단단하게 해서 먹는 라틴 아메리카 지역의 식전 샐러드예요."

술과 함께 가볍게 즐기는 안주 샐러드

잘 어울리는 술
- 화이트와인
- 스파클링와인
- 맥주
- 청주

# 연어 리스 샐러드

크리스마스 시즌이면 문앞에 걸어두는 둥근 형태의 트리, 리스.
매번 같은 리스로 장식했다면 이번에는 연어, 레몬, 적양파,
오이로 꾸민 샐러드 리스로 테이블을 장식해 보면 어떨까요?
눈도, 입도 즐거워져요.

 2인분

 15~20분

- 연어 슬라이스 80g(또는 훈제연어)
- 레몬 슬라이스 3~4개
- 오이 슬라이스 5~6개
- 적양파 1/4개(또는 양파, 50g)
- 어린잎채소 2~3줌(50g)
- 케이퍼 약간
- 통후추 간 것 약간
- 레몬 제스트 약간(생략 가능)

**DRESSING**

원하는 드레싱을 선택하세요!
① 랜치 드레싱 3~4큰술(42쪽, 사진 속 드레싱)
② 차지키 드레싱 3~4큰술(41쪽)
③ 타르타르 드레싱 3~4큰술(43쪽)

1. 드레싱은 재료가 잘 어우러지도록 먼저 섞어둔다.
2. 오이는 분량만큼 필러로 길고 얇게 슬라이스한다. 적양파는 가늘게 채 썬다.
3. 그릇의 가운데에 드레싱 담을 볼을 올린 후 어린잎채소를 둘러 담는다.
4. 연어 슬라이스, 오이 슬라이스를 1개씩 돌돌 말아 어린잎채소에 올린다.
5. 적양파, 레몬 슬라이스, 케이퍼를 올리고 통후추 간 것, 레몬 제스트를 뿌린다.
6. 드레싱을 가운데 볼에 담는다.

🔸 **레몬 제스트(Lemon zest)**
레몬의 노란 껍질 부분만 칼이나 필러로 얇게 저민 것. 요리에 레몬 특유의
상큼한 향을 더할 수 있으며, 레몬 외에도 라임, 오렌지 등으로 만들기도 한다.

술과 함께 가볍게 즐기는 안주 샐러드

223

# 연어 세비체 샐러드

평범한 연어회를 고급스럽고, 깔끔하게 즐기게 해주는 메뉴, 세비체.
더욱 신선하고 맛있게 먹기 위해서는 만든 후 냉장 보관하여
드레싱에 연어가 충분히 숙성되도록 하세요.

 2인분

 15~20분

- 생 연어 200g(횟감용, 두께 0.5cm)
- 적양파 1/4개(또는 양파, 50g)
- 오이 1/5개(20g)
- 래디시 2개(또는 비트, 오렌지)
- 레몬즙 4큰술
- 소금 약간
- 통후추 간 것 약간
- 딜 약간(생략 가능)

**DRESSING**
원하는 드레싱을 선택하세요!
① 화이트 발사믹 드레싱 4~6큰술 (44쪽, 사진 속 드레싱)
② 살사 드레싱 4~5큰술(32쪽)
③ 유자 폰즈 드레싱 4~5큰술(36쪽)

1 드레싱은 재료가 잘 어우러지도록 먼저 섞어둔다.
2 연어에 레몬즙, 소금, 통후추 간 것을 뿌려 냉장실에서 10분간 둔다.
3 적양파는 얇게 채 썬다. 오이, 래디시는 동그란 모양을 살려 얇게 썬다.
4 연어는 물기를 없앤 후 그릇에 올린다.
5 적양파, 오이, 래디시를 자연스럽게 올리고 드레싱을 뿌린 후 딜로 장식한다.

🔸 **오이 손질하기**
오이의 껍질을 필러로 듬성듬성 벗겨낸 후 썰면 소금 간도
잘 배고, 모양도 더 예쁘게 만들 수 있다.

술과 함께 가볍게 즐기는 안주 샐러드

# 명란 감자 브로콜리 샐러드

부드러운 감자와 브로콜리에 사이사이에 들어있는 톡톡 터지는 명란의 감칠맛. 연세 지긋한 어르신들이 더 좋아하는 별미 샐러드.

술과 함께 가볍게 즐기는 안주 샐러드

 1인분

 20~25분

- 감자 1개(200g)
- 당근 1/10개(20g)
- 브로콜리 토핑 약 6~7조각(50g, 21쪽)
- 명란 1큰술 + 약간
- 올리브유 2큰술 + 1큰술
- 통후추 간 것 약간

**DRESSING**
원하는 드레싱을 선택하세요!
① 통깨 마요 드레싱 1.5~2.5큰술
   (43쪽, 사진 속 드레싱)
② 플레인 땅콩버터 드레싱 1.5~2큰술(35쪽)
③ 호두 고르곤졸라 치즈 드레싱 1.5~2큰술(40쪽)

**감자 토핑 사용하기**
동량의 감자 토핑(18쪽)을 해동한 후 사용해도 좋다.

1 드레싱은 재료가 잘 어우러지도록 먼저 섞어둔다.
2 브로콜리 토핑은 21쪽을 참고해 준비한다.
   감자는 껍질을 벗긴 후 한입 크기로 썬다. 당근은 가늘게 채 썬다.
   명란은 분량만큼 칼등으로 알만 발라낸다.
3 내열용기에 감자, 물(1/4컵)을 담고 뚜껑을 덮어 전자레인지에 4분간 익힌다.
   • 뚜껑 대신 랩을 씌운 후 젓가락으로 구멍 3~4개를 뚫어서 익혀도 좋다.
4 달군 팬에 올리브유(2큰술)를 두르고 감자를 넣어 중간 불에서
   1~2분간 수분을 없앤다는 느낌으로 구운 후 덜어둔다.
5 달군 팬에 올리브유(1큰술)를 두르고 브로콜리 토핑을 넣어
   노릇하게 구운 후 덜어둔다.
6 볼에 감자, 당근, 브로콜리, 명란(1큰술), 드레싱을 넣고 버무린다.
7 그릇에 담고 명란(약간)을 올린 후 통후추 간 것을 뿌린다.

4

6

## 버섯 감바스 샐러드 레시피 230쪽

잘 어울리는 술
- 화이트와인
- 스파클링와인
- 맥주

# 포테이토 보트 샐러드 레시피 232쪽

술과 함께 가볍게 즐기는 안주 샐러드

잘 어울리는 술
- 화이트와인
- 레드와인
- 맥주

# 버섯 감바스 샐러드

흔히 아는 새우 감바스가 아닌 버섯의 감칠맛을 최대로 끌어올려 만든 버섯 감바스 샐러드. 드레싱 없이 즐겨도 좋고, 페스토 드레싱(33쪽)을 곁들여도 맛 궁합이 최고예요.

 2인분

 15~20분

- 버섯 토핑 2/3컵(80g, 17쪽)
- 브로콜리 토핑 약 6~7조각(50g, 21쪽)
- 방울토마토 4개
- 마늘 6~7쪽
- 크러시드페퍼 1/2작은술
- 올리브유 1큰술 + 1/4컵(50㎖) + 1/4컵(50㎖)
- 소금 약간
- 통후추 간 것 약간

**DRESSING**
- 토마토 드레싱 2~3큰술(39쪽, 사진 속 드레싱)

1 버섯 토핑은 17쪽, 브로콜리 토핑은 21쪽을 참고해 준비한다. 달군 팬에 올리브유(1큰술)을 두르고 버섯 토핑, 브로콜리 토핑을 넣어 노릇하게 구운 후 덜어둔다.
2 방울토마토는 4등분하고, 마늘은 2등분한다.
3 달군 팬에 올리브유(1/4컵), 마늘을 넣고 약한 불에서 1분간 볶는다.
4 버섯, 브로콜리, 방울토마토, 올리브유(1/4컵)를 더 넣고 중간 불에서 3분간 끓인다.
5 드레싱, 크러시드페퍼, 소금, 통후추 간 것을 넣고 약한 불에서 2~3분간 끓인다.

술과 함께 가볍게 즐기는 안주 샐러드

# 포테이토 보트 샐러드

감자를 쪄서 속을 파낸 후 양파, 파프리카, 치즈 등을 섞어 채워서 오븐에 살짝 구웠어요. 고소한 드레싱에 양파칩까지 더해 안주로 베스트인 샐러드.

 2인분

 20~25분

- 감자 5개(작은 것, 300g)
- 양파 1/4개(50g)
- 파프리카 1개(200g)
- 보코치니 치즈 10개(또는 스트링 치즈)
- 프로슈토 1장
- 올리브유 2큰술
- 카이엔페퍼 1/2작은술(또는 고운 고춧가루)
- 소금 약간
- 통후추 간 것 약간
- 시판 양파칩 2큰술
- 파슬리가루 약간

### DRESSING
원하는 드레싱을 선택하세요!
① 통깨 마요 드레싱 3~5큰술
    (43쪽, 사진 속 드레싱)
② 칠리 갈릭 드레싱 2~3큰술(38쪽)
③ 요거트 머스터드 드레싱
    2~3큰술(41쪽)

1. 감자는 껍질째 깨끗이 씻는다. 양파, 파프리카, 프로슈토는 잘게 다진다.
2. 냄비에 감자, 잠길 만큼의 물 + 소금(1작은술)을 넣고 센 불에서 끓어오르면 중간 불로 줄여 10분간 젓가락으로 찔렀을 때 쉽게 들어갈 때까지 익힌다.
3. 감자는 한 김 식힌 후 2등분하고 가운데를 파낸다. 감자의 썬 단면이 위를 향하도록 오븐 팬에 올린 후 올리브유(2큰술)를 바른다.
4. 200℃로 예열한 오븐(또는 에어프라이어)에서 3~4분간 노릇하게 굽는다.
5. 그릇에 감자를 담고 소금, 통후추 간 것을 뿌린다.
6. 감자에 양파, 파프리카, 드레싱을 채운다.
7. 보코치니 치즈, 프로슈토, 카이엔페퍼, 통후추 간 것, 시판 양파칩, 파슬리가루를 뿌린다.

### 📍 보코치니 치즈(Bocconcini)
이탈리아 남부 지방에서 유래한 작은 공 모양의 신선한 모짜렐라 치즈. '보코치니'라는 이름은 이탈리아어로 '작은 한 입(bite-sized pieces)'이라는 뜻이며, 맛이 순하고 부드러워 두루 활용하기 좋다.

### 📍 프로슈토(Prosciutto)
이탈리아가 원산지인 얇게 썬 생햄. 돼지 뒷다리를 소금에 절여 건조, 숙성한 것으로 부드럽고 순한 맛이 특징이다. 전채요리 및 파스타, 피자에 두루 활용 가능하다.

술과 함께 가볍게 즐기는 안주 샐러드

• 재료의 구매단위 커서 남기 쉬운 재료별 인덱스입니다.

## 채소

### 감자
- 옛날식 감자 샐러드 74
- 세모 네모 둥근 샐러드 100
- 문어 감자 샐러드 118
- 훈제연어 감자 원팬 샐러드 120
- 토마토 바질 페스토 원팬 샐러드 124
- 로스트 베지 스틱 샐러드 210
- 명란 감자 브로콜리 샐러드 226
- 포테이토 보트 샐러드 229

### 가지
- 후무스 플레이트 샐러드 80
- 비건 포케 샐러드 102
- 토마토 바질 페스토 원팬 샐러드 124
- 가지구이 쯔유 샐러드 154

### 당근
- 당근라페 50
- 콩나물 곤약면 샐러드 88
- 세모 네모 둥근 샐러드 100
- 사과 당근 요거트 샐러드 132
- 양배추 김 샐러드 142
- 우엉 당근볶음 통깨 샐러드 158
- 톳 두부소보로 샐러드 176
- 아보카도 코울슬로 200
- 로스트 베지 스틱 샐러드 210
- 명란 감자 브로콜리 샐러드 226

### 오이
- 판자넬라 샐러드 58
- 콥 샐러드 60
- 스파이시 연어 포케 샐러드 64
- 그리스식 콩 샐러드 76
- 차돌박이 오이롤 샐러드 94
- 비건 포케 샐러드 102

- 불고기 포케 샐러드 108
- 칠리 쉬림프 포케 샐러드 111
- 오이 탕탕이 통깨 샐러드 136
- 쇠고기소보로 오이볶음 샐러드 156
- 날치알 콩나물 냉채 샐러드 172
- 연어 리스 샐러드 220
- 연어 세비체 샐러드 221

### 브로콜리
- 유부주머니 샐러드 84
- 비건 포케 샐러드 102
- 불고기 포케 샐러드 108
- 통들깨 파스타 샐러드 126
- 브로콜리 견과 샐러드 138
- 하우스 샐러드 186
- 명란 감자 브로콜리 샐러드 226
- 버섯 감바스 샐러드 228

### 양배추, 적양배추
- 유부 메밀면 샐러드(적양배추) 86
- 콩나물 곤약면 샐러드(적양배추) 88
- 구운 양배추 불고기 샐러드(양배추) 106
- 쉬림프 타코 샐러드(적양배추) 116
- 양배추 김 샐러드(양배추) 142
- 아보카도 코울슬로(적양배추) 200

### 단호박
- 넛츠 단호박 범벅 샐러드 68
- 후무스 플레이트 샐러드 80
- 퀴노아 치킨 샐러드 104
- 불고기 포케 샐러드 108

### 부추
- 차돌박이 오이롤 샐러드 94
- 닭안심 부추 샐러드 165

- 오징어 구운 두부 부추 샐러드 170

### 버섯
- 불고기 포케 샐러드 108
- 불닭 포케 샐러드 110
- 버섯 김 들깨 샐러드 162
- 발사믹 버섯 샐러드 202
- 버섯 감바스 샐러드 228

### 샐러드 채소
- 콥 샐러드 60
- 스파이시 연어 포케 샐러드 64
- 불고기 포케 샐러드 108
- 하우스 샐러드 186
- 멕시칸 나초 샐러드 216

### 루콜라
- 퀴노아 치킨 샐러드 104
- 토마토 바질 페스토 원팬 샐러드 124
- 알리오 올리오 파스타 샐러드 128
- 울산배 치즈 샐러드 188
- 복숭아 부라타 샐러드 196
- 발사믹 버섯 샐러드 202
- 오렌지 치킨 샐러드 205

### 방울토마토
- 방울토마토 마리네이트 47
- 판자넬라 샐러드 58
- 그리스식 콩 샐러드 76
- 치킨 시저 샐러드 82
- 초간단 토마토 파스타 샐러드 90
- 버섯 렌틸콩 샐러드 98
- 퀴노아 치킨 샐러드 104
- 토마토 바질 페스토 원팬 샐러드 124
- 알리오 올리오 파스타 샐러드 128

## 과일

### 아보카도
- 과카몰리와 파인애플 살사 + 피타브레드 56
- 칠리 쉬림프 포케 샐러드 111
- 아보카도 비빔 샐러드 152
- 아보카도 코울슬로 200

### 사과
- 사과 당근 요거트 샐러드 132
- 아보카도 코울슬로 200

### 배
- 사각사각 울산배 샐러드 134
- 울산배 치즈 샐러드 188

### 무화과
- 무화과 샤인 샐러드 192
- 무화과 브리 치즈 샐러드 194

## 고기 & 해산물

### 쇠고기
- 차돌박이 오이롤 샐러드(차돌박이) 94
- 구운 양배추 불고기 샐러드(불고기용) 106
- 불고기 포케 샐러드(불고기용) 108
- 쇠고기소보로 오이볶음 샐러드(다진 쇠고기) 156
- 멕시칸 나초 샐러드(다진 쇠고기) 216

### 닭가슴살
- 콥 샐러드 60
- 치킨 시저 샐러드 82
- 퀴노아 치킨 샐러드 104
- 오렌지 치킨 샐러드 205

### 냉동 생새우살
- 콥 샐러드 60
- 썸머 타이 누들 샐러드 92
- 칠리 쉬림프 포케 샐러드 111
- 쉬림프 타코 샐러드 116

### 연어 & 훈제연어
- 스파이시 연어 포케 샐러드 64
- 구운 채소와 연어 스테이크 샐러드 66
- 훈제연어 감자 원팬 샐러드 120
- 연어 리스 샐러드 220
- 연어 세비체 샐러드 221

## 그 외

### 달걀
- 옛날식 감자 샐러드 74
- 치킨 시저 샐러드 82
- 하우스 샐러드 186
- 아스파라거스 반숙란 샐러드 204

### 두부
- 떠먹는 베지볼 샐러드 78
- 유부주머니 샐러드 84
- 비건 포케 샐러드 102
- 구운 두부 참나물 샐러드 164
- 오징어 구운 두부 부추 샐러드 170
- 톳 두부소보로 샐러드 176

### 치즈(부라타, 보코치니, 페타)
- 그리스식 콩 샐러드(페타 치즈) 76
- 후무스 플레이트 샐러드(페타 치즈) 80
- 방울방울 샐러드(보코치니) 180
- 과일 살사와 부라타 치즈 샐러드(부라타 치즈) 184
- 라디치오 살구 샐러드(보코치니) 190
- 무화과 샤인 샐러드(페타 치즈) 192
- 복숭아 부라타 샐러드(부라타 치즈) 196
- 포테이토 보트 샐러드(보코치니) 229

매일 만들어 먹고 싶은 인기 시리즈  **함께 보면 좋은 책**

### 집에서 즐기는 레스토랑 파스타의 맛, 셰프의 비법이 담긴 미식 파스타

- ☑ 이탈리안 레스토랑 셰프의 시그니처 파스타, 채식파스타, 생면파스타 등 특별한 미식 메뉴 41가지
- ☑ 파스타 삶는 법, 소스의 맛과 농도 맞추기, 피니싱 터치까지 실제 레스토랑 맛의 비법 수록
- ☑ 스톡, 소스 등의 정석대로 만드는 방법, 바쁠 때나 소량 만들 때를 위한 간단 방법 함께 소개
- ☑ 레시피팩토리 애독자 사전 검증으로 실용성 높고 믿고 따라할 수 있는 레시피

〈 매일 만들어 먹고 싶은 고메파스타 〉
남정석 지음 / 144쪽

### 소문난 집밥 고수 요리 선생님의 푸짐하고 고급스러운 한 끗 다른 밥요리

- ☑ 서사반의 킥을 담은 색다르고 폼 나는 솥밥, 이국적인 맛을 더한 고급스러운 덮밥 50가지
- ☑ 한 그릇 안에 다양한 채소와 곡식류는 물론 고기, 해산물 등의 단백질을 함께 넣어 더 푸짐하게
- ☑ 준비가 오래 걸리거나 번거로운 육수, 감칠맛 소스 등은 시판 재료를 적절히 활용
- ☑ 밥 짓는 법, 도구 선택법, 비빔장 만드는 법 등 요리의 기초 체력을 높여줄 기본 가이드 수록

〈 매일 만들어 먹고 싶은 별미 솥밥 & 이색 덮밥 〉
문쌤쿠킹 문시진 지음 / 208쪽

늘 곁에 두고 활용하는 소장 가치 높은 책을 만듭니다 레시피팩토리

홈페이지 www.recipefactory.co.kr

## 브런치 컨설턴트의 한 끗 다른 킥!
## 홈 브런치를 카페처럼, 한 단계 레벨업

- ☑ 클래식 브런치부터 샐러드, 토스트&수프, 브레드&디저트, K 스타일 브런치까지 71가지 메뉴
- ☑ 재료의 맛과 풍미를 살려주는 킥 소스와 드레싱으로 자연스럽고 고급진 맛 완성하는 노하우 소개
- ☑ 인도식 스크램블에그, 일본 나고야식 팥토스트 등 다른 책에선 만날 수 없는 이국적인 킥 브런치 수록
- ☑ 브런치 메뉴를 올 데이 브런치로 즐길 수 있는 8가지 브런치 플레이트의 특별한 조합

〈 매일 만들어 먹고 싶은 카페 브런치 & 디저트 〉
시트롱 김희경 지음 / 208쪽

## 집에서 천연발효종 '르방' 키워
## 속 편안한 건강빵 만들기

- ☑ 반죽 시간 단 3분! 심플 사워도우부터 무화과 사워도우, 통밀 사워도우, 포카치아까지 15가지 건강빵 레시피
- ☑ 사워도우 개념과 특징은 물론 필요한 재료와 도구, 르방과 사워도우 전체 과정을 쉽게 짚어주는 가이드
- ☑ SNS 팔로워와 소통하며 가장 많이 하는 르방과 사워도우에 대한 질문과 답변을 모아 소개
- ☑ 르방 팬케이크, 르방 그래놀라, 르방 머핀 등 남는 르방을 활용한 특별한 요리 & 간식 레시피 수록

〈 매일 만들어 먹고 싶은 홈메이드 사워도우 〉
빵필이 이하윤 지음 / 168쪽

매일 만들어 먹고 싶은
# 리화쌤의 샐러드&드레싱

| | |
|---|---|
| 1판 1쇄 펴낸 날 | 2025년 11월 11일 |

| | |
|---|---|
| 편집장 | 김상애 |
| 책임편집 | 이소민 |
| 디자인 | 임재경 |
| 사진 촬영 | 장형석(이든웍스) |
| 기획·마케팅 | 내도우리·엄지혜 |

| | |
|---|---|
| 편집주간 | 박성주 |
| 펴낸이 | 조준일 |

| | |
|---|---|
| 펴낸곳 | (주)레시피팩토리 |
| 주소 | 서울특별시 용산구 한강대로 95 래미안용산더센트럴 A동 509호 |
| 대표번호 | 02-534-7011 |
| 팩스 | 02-6969-5100 |
| 홈페이지 | www.recipefactory.co.kr |
| 애독자 카페 | cafe.naver.com/superecipe |
| 출판신고 | 2009년 1월 28일 제25100-2009-000038호 |

| | |
|---|---|
| 제작·인쇄 | (주)대한프린테크 |

값 24,000원

ISBN 979-11-92366-61-6

Copyright © 이서현, 2025
이 책의 레시피, 사진 등 모든 저작권은 저자와 (주)레시피팩토리에 있는 저작물이므로
이 책에 실린 글, 레시피, 사진의 무단 전재와 무단 복제를 금합니다.

* 인쇄 및 제본에 이상이 있는 책은 구입하신 서점에서 교환해 드립니다.